Collection
Rolf Heyne

Risotto & Co.

Titel der englischen Originalausgabe: *The Top One Hundred Italian Rice Dishes*
Ins Deutsche übertragen von Gisela Sturm

Die Originalausgabe erschien 2000 bei © Headline Book Publishing
(a division of Hodder Headline), 338 Huston Road, London NW1 3BH, Großbritannien

Umschlaggestaltung: Hauptmann und Kampa Werbeagentur, CH-Zug,
unter Verwendung von Illustrationen Sarah Hocombes
Layout: Peter Ward
Herstellung: Karlheinz Rau
Satz: SatzTeam Berger, Ellwangen/Jagst
Repro, Druck und Bindung: Canale, Turin

Printed in Italy

ISBN 3-453-18578-1

Die international renommierte Kochbuchautorin DIANE SEED verfasste bereits mit *Die hundert besten Pasta-Saucen. Originalrezepte aus Italien* (Heyne-Taschenbuch) einen Welt-Bestseller. Sie lebt im Herzen von Rom, wo sie auch eine Kochschule führt.

DIANE SEED

Risotto & Co.

100 Reisgerichte aus Italien

Mit Illustrationen von Sarah Hocombe

Collection Rolf Heyne
München

Für Alex, Max, Christopher und Jamie,
ebenso für Jezzy und Tasha,
die mir während des langen, heissen
römischen Sommers Gesellschaft leisteten

INHALT

EINFÜHRUNG

Wie der Reis nach Italien kam

Als ich vor vielen Jahren den Ursprüngen der italienischen Pasta nachging, geriet ich in ein wahres Verwirrspiel der Geschichte, angefangen bei Marco Polo über das alte Rom bis hin zu Lucrezia Borgia! Die Geschichten über den Reis sind ebenso vielfältig, es wird jedoch allgemein angenommen, dass die Araber ihn im 8. oder 9. Jahrhundert nach Sizilien mitbrachten. Erst im 13. und 14. Jahrhundert gelangten die ersten Reisgerichte, die gebraten oder im Ofen gebacken wurden, mit den spanischen Aragonesen über die Grenzen nach Apulien und Kampanien. Dann begann man in den botanischen Gärten Italiens mit der neuen Pflanze zu experimentieren, und sehr bald entdeckten die Mönche den wirtschaftlichen Nutzen des Reiskorns. Im 15. Jahrhundert gingen die Benedektinermönche in der Abtei von Montecassino dazu über, mit sorgfältig ausgewähltem Saatgut Reis auf größeren Flächen zu kultivieren. Der Norden des Landes wurde zum italienischen Hauptanbauzentrum für Reis. In den Haushaltsbüchern am Hof des Herzogs von Savoyen in Turin fand Reis im 14. Jahrhundert wahrscheinlich erstmals urkundlich Erwähnung. Es ist auch belegt, dass die Mailänder Herrscherfamilie der Sforza 1475 zwölf Sack Reissamen an den Herzog von Ferrara auf den Weg bringen ließ.

Da Reis in den Ebenen angebaut wird und sehr viel Wasser benötigt, bietet die Po-Ebene die idealen Voraussetzungen dafür. Mailand war die erste norditalienische Region, die den Reis von seinem Schattendasein als Suppeneinlage erlöste und ihn in den Rang eines Grundnahrungsmittels erhob. Man nimmt an, dass das Wort »Risotto« im lombardischen Dialekt ursprünglich ein Reisgericht von festerer Konsistenz bezeichnete. Nachdem das Mailänder Beispiel in Vercelli, Novara und Lomellina Schule gemacht hatte, entstand nach der Eröffnung des Cavour-Kanals im Jahr 1847 im Piemont eine Reisanbaufläche von insgesamt 232 000 Hektar, die größte Italiens.

Auch Mantua und die Region um Venedig sind wichtige Reisproduzenten, und im Jahr 1644 genehmigte die Repubblica Serenissima den Bau einer Reismühle in Isola della Scala bei Verona.

Der Reisanbau erwies sich als sehr arbeitsintensiv. Nach dem harten norditalienischen Winter musste der Boden gepflügt und gedüngt werden. Vor dem Auspflanzen wurde das Saatgut zum Vorkeimen in Wasser eingeweicht, und aus dem Kanalsystem wurde Wasser über die Reisfelder geleitet, um die zarten Schösslinge vor den kalten Nachttemperaturen zu schützen. Die schlimmste Plackerei war jedoch das Jäten. Jedes Jahr im Mai musste das Unkraut entfernt werden, um für die jungen Reispflanzen Lebensraum zu schaffen. Zu diesem Zweck reisten Hunderte von Saisonarbeiterinnen – den *mondine* – aus allen Teilen Italiens heran, wobei sie bei ihrer Arbeit sehr behutsam vorgehen mussten, um mit dem Unkraut keine Reishalme auszureißen.

Den *mondine* wurde in dem berühmten Film *Bitterer Reis* mit Silvana Mangano ein nostalgisches Denkmal gesetzt. Fern der Heimat, zu Hunderten in riesige Schlafsäle gepfercht, erwartete die Frauen ein hartes Los. Mit gebeugtem Rücken, bis zu den Knien im Wasser stehend, mussten sie in der prallen Sonne arbeiten. Hinzu kam, dass ihnen die Moskitos arg zusetzten, ebenso wie anderes Getier, von dem es in den Sümpfen wimmelte. In langen Reihen, unter dem wachsamen Blick des Aufsehers, der wie ein Schiedsrichter auf seinem Hochsitz über ihnen thronte, durchkämmten sie das Reisfeld im Rückwärtsgang. Wenn die Frauen in einer Reihe das Ende des Reisfelds erreicht hatten, mussten die in der Mitte arbeitenden auf einen Zuruf des Wärters zurücktreten, um das Heer der flüchtenden Frösche (die sie nach und nach an den Rand Feldes gedrängt hatten) durchzulassen. Wie es hieß, begann es im Wasser wie in einem Kessel zu brodeln, wenn dieser Exodus einsetzte. Während ihrer Fron sangen die Frauen wehmütige Lieder, die mit dem Blues der schwarzen Sklaven auf den Baumwollfeldern in den Südstaaten Amerikas verglichen wurden. Eines davon – »Bella ciao« – haben die italienischen Kommunisten zu ihrem Kampflied gegen die soziale Ungerechtigkeit gemacht.

Heute, da der technische Fortschritt die Reiskultur weitgehend vereinfacht hat, sind die *mondine* samt ihren Liedern Vergangenheit.

Reis aus Italien

Als wichtigstes Reisanbauland Europas exportiert Italien heute rund sechzig Prozent der Gesamtproduktion. Fast jede italienische Region hat mindestens ein traditionelles Reisgericht, und in den Küchen des Piemont, der Lombardei und des Veneto hat Reis einen höheren Stellenwert als Pasta. Der Grund liegt wahrscheinlich darin, dass ein guter Teller Reis an kalten Tagen, wenn ein eisiger Wind aus allen Richtungen bläst, den Körper besser und länger wärmt als Pasta.

Das italienische Gesetz unterscheidet sechs Kategorien von Reis: Comune, Semifino, Fino, Superfino, Parboiled und Integrale. Jeder Reistyp wird einer dieser Sorten zugeordnet, wobei diese Gliederung jedoch irreführend ist, weil ein und derselbe Reis in den verschiedenen Regionen verschieden eingestuft werden kann. Viele Reissorten sind außerhalb ihrer Ursprungsregion nicht erhältlich, und so ist die Auswahl oft begrenzt.

Obwohl die Kenner für *minestre*, *antipasti*, Risotto oder Reisauflauf jeweils eine bestimmte Sorte wählen, ist das Angebot meistens auf Carnaroli, Vialone Nano und Arborio begrenzt. Carnaroli ist typisch für die Küchen des Piemont und der Lombardei, während Vialone Nano in der Umgebung von Mantua, Verona und Venedig bevorzugt wird. In allen Rezepten, die ich in diesem Buch vorstelle, habe ich unter Berücksichtigung der geografischen Herkunft und der Art des Gerichts die geeigneten Reissorten genannt. Parboiled Reis, vorgekochter Reis oder Naturreis sind für Risotto nicht geeignet und werden in der traditionellen italienischen Küche nicht verwendet.

Wie Reis gekocht wird

In Italien wird Reis nicht gewaschen. Es werden nur die ausgeblichenen oder verfärbten Reiskörner, die den Kontrollen in der Fabrik entgangen sind, aussortiert. Durch Waschen wird das Reiskorn beschädigt und der Stärkegehalt, der für das Gelingen eines italienischen Reisgerichts unerlässlich ist, gemindert.

Risotto

Die Auswahl des richtigen Kochgeschirrs trägt ebenfalls zum Gelingen des Risotto bei. Es empfiehlt sich eine nicht zu hohe Kasserolle mit großem Durchmesser und einem schweren, gut leitfähigen Boden, damit der Reis gleichmäßig gart.

Die besten Reissorten für Risotto sind Carnaroli und Vialone Nano. Zur Not ist auch Arborio geeignet, der aber einen nicht so cremigen Risotto ergibt. Man braucht durchschnittlich 50 bis 100 g pro Person; die Menge variiert, je nachdem, was an anderen Zutaten hineinkommt, und richtet sich natürlich auch nach dem persönlichen Appetit!

Neben dem Risottotopf benötigen Sie einen zweiten Kochtopf für die kochende Brühe oder das kochende Wasser: Auf 400 g kommen normalerweise 1,5 l Flüssigkeit, wobei jedoch stets zusätzliches kochendes Wasser parat stehen sollte. Stammt die Brühe aus einer der Zutaten des Rezepts, wie zum Beispiel beim *Risotto con Asparagi* (siehe Seite 15), verringern Sie die Wassermenge für die Grundbrühe und füllen, wenn nötig, kochendes Wasser nach. So wird das feine Spargelaroma am besten erhalten.

Garmethode

Etwas Butter oder Olivenöl in einer Kasserolle erhitzen und die fein geschnittene Zwiebel darin anschwitzen. Die Zwiebel darf sich nicht verfärben.

Den Reis hinzufügen und einige Minuten lang vorsichtig umrühren, um jedes einzelne Korn gut mit Butter oder Öl zu umhüllen. Zum Rühren wird ein flacher Holzlöffel empfohlen; durch Metall werden die Reiskörner beschädigt. Im Italienischen wird dieser Arbeitsschritt als »Rösten« bezeichnet, was aber nicht ganz korrekt ist, weil der Reis seine Farbe nicht verändern darf. In diesem Stadium wird manchmal etwas Weißwein über den Reis gegossen, der erst verdampfen muss, bevor die kochende

Flüssigkeit nach und nach über den Reis gegeben wird, und zwar immer nur eine Schöpfkelle voll Brühe oder Wasser. Dann wird gerührt, bis die Flüssigkeit aufgesogen ist. Erst jetzt erneut eine Kelle Flüssigkeit hineingeben. Der Reis darf nicht ganz unter Wasser stehen, und er wird während der gesamten Prozedur unablässig gerührt. 15 bis 20 Minuten so fortfahren, bis der Reis um das Dreifache aufgequollen und *al dente* ist: Er ist also gar, hat aber noch etwas Biss. Die Reisoberfläche ist in diesem Stadium schimmernd weiß und undurchsichtig.

In der traditionellen Küche wird zu Fischgerichten kein Käse gereicht, während alle anderen Risotti nach dem Garen mit etwas Butter und frisch geriebenem Parmesan vermengt werden. Zu diesem Zweck den Reis neben den Herd stellen und etwas Butter (Raumtemperatur) und geriebenen Käse kräftig einrühren. Dann das Ganze zugedeckt 2 Minuten stehen lassen. Die Konsistenz eines Risotto muss cremig sein, weil aus dem Reis während des Garvorgangs Stärke austritt.

Im Veneto ist der Risotto flüssiger. Wird der Teller geneigt, bewegt er sich wie eine Welle von einem Rand zum anderen – dann ist er *all'onda*, wie es im Italienischen heißt.

Gekochter Reis

1,5 l Wasser in einer großen Kasserolle zum Kochen bringen, salzen und 400 g Reis (2 ½ Tassen) hinzufügen. Den Reis im offenen Topf bei mittlerer Hitze quellen lassen und ab und zu umrühren. Die normale Gardauer beträgt 12 bis 15 Minuten. Danach sogleich das Wasser abgießen und alle anderen Zutaten unter den Reis mischen, solange er noch heiß ist – außer Sie bereiten einen Salat damit zu.

Wie frittiert wird

In den Mittelmeerländern hat das Frittieren von Nahrungsmitteln eine lange Tradition. Die einfachsten, bescheidensten Zutaten werden dort in Olivenöl zu goldbraunen, knusprigen Leckerbissen ausgebacken. Die alte ligurische Redensart »Fritta è buona persino una scarpa« bedeutet, dass sich durch das Frittieren selbst ein alter Schuh noch in eine Delikatesse verwandeln lässt! Olivenöl hat den Vorteil, dass es erst nach dem Verlust von sechzig Prozent des Feuchtigkeitsgehalts in das Frittiergut eindringt. Andere Fette werden dagegen schneller aufgenommen. Durch Olivenöl wird das Frittiergut knuspriger, und es trieft nicht vor Fett.

Die sechs goldenen Regeln

1. Damit das Rezept gelingt, muss das Gargut im Öl schwimmen. Die Menge wird durch die Größe des verwendeten Frittiergeräts vorgegeben. Bei einer Elektro-Fritteuse sind die Herstellerangaben maßgeblich. Ansonsten tut es ein konventioneller, mindestens 6 cm hoher Kochtopf. Das Olivenöl einfüllen und langsam auf die erforderliche Temperatur erhitzen.

2. Die Öltemperatur muss während des Frittierens ständig kontrolliert werden. Für rohe, feste Teile wie Geflügel, größere Fische oder Rohkost, zum Beispiel Artischocken, ist eine mäßige Hitze von 150 °C optimal. Sie gewährleistet, dass das Gargut erst dann von außen bräunt, wenn es im Innern gar ist. Eine etwas stärkere Hitze von 170 °C empfiehlt sich für vorgegartes oder leichtes Frittiergut, das zuvor paniert oder in Ausbackteig getaucht wurde. Sehr kleine Stücke, auch winzige Fischwürfel, gelingen am besten bei 180 °C. Da der Rauchpunkt von Olivenöl bei 220 °C liegt, darf es nicht so hoch erhitzt werden.
3. Nach jedem Gebrauch wird das Olivenöl sorgfältig gefiltert. Experten sagen, dass es mindestens zehnmal verwendet werden kann, bevor es seine Nährstoffe völlig verliert. Ich selbst nehme dasselbe Öl aber nur dreimal, weil es dann besser schmeckt.
4. Lassen Sie das Frittiergut vorsichtig in das heiße Öl gleiten, und zwar in geringen Mengen, damit das Öl nicht abkühlt.
5. Falls noch Öl nachgefüllt werden muss, tun Sie dies zwischen zwei Frittiervorgängen und warten ab, bis wieder die exakte Temperatur erreicht ist.
6. Das Frittiergut mit einem flachen Schaumlöffel herausnehmen, zum Abtropfen auf Küchenkrepp legen und sogleich servieren.

Rezepte für Grundbrühe

Früher war es üblich, eine gehaltvolle Grundbrühe zuzubereiten, die für die unterschiedlichsten Speisen verwendet wurde. Der zeitgemäße Geschmack bevorzugt leichtere, bekömmlichere Brühen. Ich selbst bereite meine leichte Bouillon stets in größeren Mengen zu, fülle sie dann portionsweise in 500-Milliliter-Behältnisse ab und friere sie ein. In die aufgewärmte Brühe gebe ich dann frische, individuell auf die Speisen abgestimmte Kräuter oder Gewürze. Es gibt auch gebrauchsfertige abgepackte Brühen im Handel, die durchaus akzeptabel sind. Wenn der Reis nicht immer gleich schmecken soll, darf man sie aber nicht zu oft verwenden.

Klare Fleischbrühe

500 g Kalbfleisch mit Knochen oder ½ Huhn
1 Zwiebel, 2 Möhren, 1 Stange Sellerie, grob geschnitten
Salz und 5 schwarze Pfefferkörner
1 l kaltes Wasser

Alle Zutaten zusammen in einen Suppentopf geben und zum Kochen bringen. Abschäumen, den Topf zudecken und 2 Stunden köcheln lassen. In den letzten 30 Minuten Kräuter oder Gewürze hinzufügen. Die Brühe abkühlen lassen. Das Fett von der Oberfläche abschöpfen und die Brühe abseihen.

Gemüsebrühe

1 Zwiebel, 2 Möhren, 1 Stange Sellerie, grob geschnitten
1 Stange Lauch, in Ringe geschnitten
Salz und 5 schwarze Pfefferkörner
1 Knoblauchzehe, mit einem breiten Messer zerdrückt
1 l kaltes Wasser

Sämtliche Zutaten in einen großen Topf geben und zum Kochen bringen. Zudecken und 2 Stunden köcheln lassen. In den letzten 30 Minuten frische Kräuter oder Gewürze hineingeben. Abkühlen lassen und abseihen.

Fischbrühe

500 g Fischabfälle, Fischköpfe oder -reste
1 Zwiebel, 1 Möhre, 1 Stange Sellerie, grob geschnitten
1 Lorbeerblatt
½ Zitrone
200 ml trockener Weißwein (kann weggelassen werden)
Salz und schwarzer Pfeffer

Sämtliche Zutaten in einen großen Topf geben und zum Kochen bringen. Zudecken und 40 Minuten köcheln lassen. In den letzten 30 Minuten frische Kräuter oder Gewürze hineingeben. Abkühlen lassen und abseihen.

Gehaltvolle Fleischbrühe

500 g rotes Fleisch
250 g Kalbfleisch oder Huhn mit Knochen
1 Zwiebel, 2 Möhren, 1 Stange Sellerie,
in grobe Stücke geschnitten
Salz und 5 schwarze Pfefferkörner
1 l kaltes Wasser

Zubereitung wie Klare Fleischbrühe (siehe Seite 11).

Hinweis:
Das grüne Wellenmotiv

≈

steht für
vegetarische Rezepte.

GEMÜSE

GEMÜSE

Auf Italiens sonnenverwöhnten, mineralstoffreichen Vulkanböden reifen Feldfrüchte mit intensivem Aroma; zartlila Artischocken, tiefpurpurne Auberginen und knallbunte Paprikaschoten machen die Marktstände zu einer wahren Augenweide. Im Herbst beherrschen orangerote Kürbisse, rotbraune Kastanien und herrlich braune Waldpilze die Szene, während sich Frühspargel, Erbsen und Dicke Bohnen im Frühling in einer breiten Palette von Grüntönen zeigen.

Frisches Gemüse nimmt in der italienischen Küche einen wichtigen Platz ein, Tiefkühlkost steht selbst in größeren Städten nicht sehr hoch in der Gunst. Da in unserer modernen Überflussgesellschaft nicht aus wirtschaftlicher Not, sondern aus freien Stücken mehr Gemüse als Fleisch verzehrt wird, bleibt die Tradition der *cucina povera* weiterhin lebendig. Selbst als Beilage wird Gemüse immer auf einem Extrateller gereicht, und die vielen schmackhaften Nudel- und Reisgerichte mit Gemüse sind ein Genuss für alle, die sich gern vegetarisch ernähren.

RISOTTO CON ASPARAGI

Spargelrisotto

Dieser feine, cremige grüne Risotto zählt zu meinen Favoriten. Während der Spargelsaison wird er in ganz Italien genossen, vor allem aber in Venedig.

FÜR 4 PERSONEN

1 kg grüner Spargel
Etwas Salz
80 g Butter
1 mittelgroße Zwiebel, fein gehackt
350 g Vialone Nano (wahlweise Carnaroli oder Arborio)
½ Glas trockener Weißwein
Schwarzer Pfeffer
50 g frisch geriebener Parmesan

Die Spargelspitzen abtrennen (2 bis 3 cm) und beiseite stellen. Die harten, ungenießbaren Enden abschneiden und wegwerfen. Den Rest in 4 cm dicke Stücke schneiden und in leicht gesalzenem Wasser kurz garen. Dann pürieren und diesen Spargelfond zum Kochen bringen.

Die Hälfte der Butter in eine große Kasserolle geben. Die Zwiebel darin glasig dünsten, dann die Spargelspitzen hinzufügen. Jetzt den Reis zufügen und gründlich mit einem Holzlöffel umrühren, damit er das Butter-und Zwiebelaroma aufnehmen kann; anschließend den Wein in den Topf gießen. Die Temperatur hoch schalten, damit der Wein rasch verdampft, dann etwas kochende Spargelbrühe unter ständigem Rühren darübergießen. Wenn der Reis die Flüssigkeit aufgenommen hat, erneut Brühe einrühren und diesen Vorgang so lange fortsetzen, bis der Reis gar ist. Falls die Brühe vorher aufgebraucht ist, tut es auch heißes Wasser. Entscheidend ist, dass die Flüssigkeit kochend heiß ist und dem Reis immer nur in kleinen Mengen zugesetzt wird. Während der ganzen Prozedur, die zirka 20 Minuten dauert, muss der Reis ständig beaufsichtigt und umgerührt werden.

Wenn der Reis gar ist, mit Salz und Pfeffer abschmecken, mit der restlichen Butter und dem Parmesan verrühren. Ich mahle gern noch etwas schwarzen Pfeffer darüber.

Minestra di Risi e Sparasi

Spargelsuppe

Für dieses Rezept brauchen Sie dünnen, zarten Spargel, wie man ihn in der norditalienischen Stadt Bassano findet. Und da wir im Veneto sind, muss natürlich Sahne hinein!

Für 4 Personen

500 g dünnen grünen Spargel
50 g Butter
1 Zwiebel, fein geschnitten
1,5 l klare Fleisch- oder Gemüsebrühe
Salz und schwarzer Pfeffer
200 g Vialone Nano (wahlweise Carnaroli oder Arborio)
50 g frisch geriebener Parmesan
50 ml Sahne (oder Crème double)
Muskatnuss zum Reiben

Die ungenießbaren unteren Enden der Spargelstangen abtrennen und wegwerfen, es sei denn, sie sind äußerst zart. Dann jede Stange in 3 cm lange Stücke schneiden. Die Hälfte der Butter in eine große Kasserolle geben und die Zwiebel darin glasig dünsten. Nacheinander die Spargelstücke, etwas Brühe, Salz und Pfeffer hinzufügen. Alles zum Kochen bringen, zudecken und etwa 10 Minuten köcheln lassen. Jetzt die restliche Brühe hineingießen, erneut zum Kochen bringen, den Reis einrieseln lassen und 15 bis 20 Minuten bei sanfter Hitze fertig garen. Dann 1 EL Parmesan, Sahne, die restliche Butter und etwas geriebene Muskatnuss unter den Reis mischen. Den restlichen Parmesan getrennt dazu reichen.

RISOTTO CON CARCIOFI

Risotto mit Artischocken

Geeignet sind nur zarte junge Artischocken oder kleine, bereits gebrauchsfertige tiefgekühlte. Im Restaurant »Fini« in Modena wird dieser Risotto vor dem Servieren mit knusprig ausgebratenen Artischockenstückchen garniert, die mit der flüssig-cremigen Konsistenz köstlich kontrastieren!

FÜR 4 PERSONEN

6 kleine junge Artischocken
(vorzugsweise italienische)
Saft von 1 Zitrone
1 l klare Fleisch- oder Gemüsebrühe
50 g Butter
1 kleine Zwiebel, fein gehackt
Salz und schwarzer Pfeffer
350 g Carnaroli (wahlweise Vialone Nano oder Arborio)
1 EL frisch gehackte Minze
50 g frisch geriebener Parmesan

Artischocken vorbereiten: Zunächst alle harten Hüllblätter entfernen und mit einem Messer die stacheligen Blattspitzen kürzen. Die Artischocken in 4 Teile schneiden und das »Heu« im Inneren entfernen. Jedes Viertel längs in dünne Scheiben schneiden und diese sogleich in kaltes, mit Zitronensaft versetztes Wasser legen, damit sie nicht braun werden.

Nun die Brühe erhitzen. Die Butter in einer großen Kasserolle zerlassen und die Zwiebel darin anbraten. Nach einigen Minuten die Artischocken einrühren und etwas von der kochenden Brühe hinzufügen. Den Topf schließen und 10 Minuten langsam garen lassen, bis die Flüssigkeit verdampft ist. Jetzt den Reis einrieseln lassen, mit einem Holzlöffel umrühren und nach und nach die Brühe hinzufügen, wobei der Reis die Flüssigkeit vollständig aufgenommen haben muss, bevor erneut Brühe zugegossen wird. Wenn der Reis nach ungefähr 20 Minuten fast gar ist, mit Minze bestreuen und mit Salz und Pfeffer abschmecken. Die Temperatur abschalten, den Risotto mit Parmesan verrühren und sofort servieren.

Tiella di Riso e Carciofi

Reisauflauf mit Artischocken

Ostuni ist ein kleiner mittelalterlicher Ort auf einem Hügel in Südapulien. Neue luxuriöse Hotelanlagen haben sich von der Küste in die Landschaft gefressen, aber der alte Kern von Ostuni, ein verwinkeltes Gassenlabyrinth mit unzähligen Steintreppen, ist noch intakt. Früher erhielten die weißen Häuschen hier wegen der Seuchengefahr jedes Jahr einen neuen Anstrich. Von der Schnellstraße aus gesehen wirkt der Ort über den Olivenhängen wie eine Luftspiegelung. In den einfachen Trattorien gibt es typische Gemüsegerichte, zum Beispiel dieses hier, das man sonst nirgendwo in Italien findet.

Für 4 Personen

6 kleine junge (vorzugsweise italienische) Artischocken
Salz und Pfeffer
2 EL frisch geriebener Pecorino
200 g Carnaroli (wahlweise Arborio oder Vialone Nano), der vor Beginn der Vorbereitungen eingeweicht wurde
4 Scheiben Scamorza
2 Scheiben Mozzarella
1 EL fein gehackte frische Petersilie
2 Knoblauchzehen, fein gepresst
1/2 getrocknete Chilischote, zerdrückt
2 EL Olivenöl extra vergine

Den Backofen auf 180 °C (Gasherd Stufe 2–3) vorheizen. Artischocken vorbereiten (siehe Seite 17). Die Hälfte davon abspülen und trocken tupfen, dann auf dem Boden einer leicht eingeölten feuerfesten Form aus Keramik anordnen, mit etwas Salz und Pfeffer bestreuen. Den eingeweichten Reis durch ein Sieb geben, das Wasser aufbewahren. Die Artischocken mit der Hälfte des Pecorino bestreuen, den feuchten Reis darüber verstreichen. Leicht salzen und pfeffern, dann die Käsescheiben darüber verteilen. Petersilie, Knoblauch und Chili mischen und über den Käse streuen. Die restlichen Artischocken abspülen, trocken tupfen und obenauf anordnen. Würzen und mit dem restlichen Pecorino bestreuen. Mit Olivenöl beträufeln. Die Reisflüssigkeit am Innenrand entlang vorsichtig in die Backform gießen, bis knapp unterhalb der oberen Käseschicht, weil der Reis Flüssigkeit zum Quellen braucht. 45 Minuten im vorgeheizten Backofen garen. Alle 15 Minuten kontrollieren und gegebenenfalls zusätzlich heißes Wasser am Rand entlang in die Form laufen lassen. Der Auflauf muss sich fest anfühlen und an der Oberfläche knusprig goldgelb sein.

Risotto con Zucchini e Melanzane

Risotto mit Zucchini und Auberginen

Diesem norditalienischen Reisgericht verleihen Zucchini und Auberginen den Hauch des Südens.

Für 4 Personen

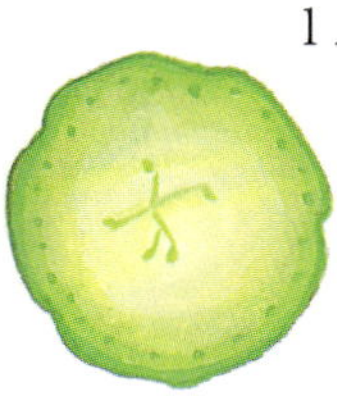

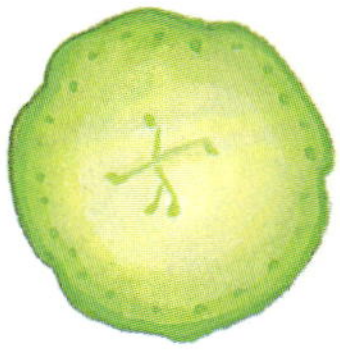

1 Aubergine, der Länge nach in 4 Teile, dann in Würfel geschnitten
Grobes Salz für die Auberginen zum Entziehen der Bitterstoffe
80 g Butter (oder Olivenöl extra vergine)
1 Stange Sellerie, 1 Möhre und 1 Zwiebel, fein geschnitten
1 EL fein gehackte frische Petersilie
2 Zucchini, in Würfel geschnitten
Salz und schwarzer Pfeffer
100 ml trockener Weißwein
2 reife Tomaten, enthäutet, entkernt (siehe Seite 31) und gehackt
4 frische Basilikumblätter, grob zerkleinert
350 g Carnaroli (wahlweise Vialone Nano oder Arborio)
1,5 l Brühe
50 g frisch geriebener Parmesan

Die Auberginen enthalten Bitterstoffe, die den Geschmack der Speisen verderben können. Um diese Bitterkeit zu mildern, legen Sie die gewürfelten Auberginen auf ein Schneidbrett. Dann mit reichlich grobem Salz bestreuen, mit einem zweiten Schneidbrett bedecken und obenauf mit einer Bratpfanne beschweren. Feines Speisesalz ist ungeeignet, weil es ins Fruchtfleisch eindringt. 30 Minuten ziehen lassen. Dann das Salz entfernen, die Auberginen abspülen und mit Küchenkrepp trocken tupfen.

Die Hälfte der Butter in einer großen Kasserolle erhitzen und den Sellerie, die Möhre und die Zwiebel darin weich garen. Die Petersilie, Zucchini und Auberginen einrühren und mit Salz und Pfeffer würzen. Nach 5 Minuten den Wein zugießen, die Tomaten und das Basilikum hinzufügen. 5 Minuten weitergaren, dann den Reis einrühren. Nach und nach die kochende Brühe einrühren, wobei der Reis die Flüssigkeit vollständig aufgenommen haben muss, bevor erneut Brühe zugegossen wird. Nach 15 bis 20 Minuten, wenn die Flüssigkeit aufgebraucht und der Reis gar, aber noch bissfest ist, wird er mit der restlichen Butter und dem Parmesan vermengt. Sofort servieren.

RISO E MELANZANE ALLA PALMERTINA

Reis-Auberginen-Auflauf

Sizilien wartet mit köstlichen Auberginengerichten auf. Auf dem farbenfreudigen Vucciria-Markt in Palermo sieht man Auberginen in allen möglichen Größen und Farbtönen, die förmlich darum betteln, in den Einkaufskorb zu wandern. Aus Palermo stammt auch diese Version der *Melanzane alla Parmigiana* mit Reis. Tuma, der regionale Frischkäse, lässt sich durch Mozzarella ersetzen.

FÜR 4 PERSONEN

3 große Auberginen, in Scheiben geschnitten
Grobes Salz für die Auberginen
zum Entziehen der Bitterstoffe
Etwas Mehl zum Bestäuben
Öl zum Frittieren
2 EL Olivenöl extra vergine
1 kleine Zwiebel, fein gehackt
350 g Arborio (wahlweise Carnaroli oder Vialone Nano)
1 l klare Fleisch- oder Gemüsebrühe
50 g Butter
1 EL fein gehackte frische Petersilie
Salz und schwarzer Pfeffer
500 ml frische Tomatensauce
4 frische Basilikumblätter, grob zerkleinert
100 g frisch geriebener Käse (Caciocavallo oder Parmesan)
200 g Frischkäse (Tuma oder Mozzarella), in Scheiben geschnitten

Den Backofen auf 180 °C (Gasherd Stufe 2–3) vorheizen und eine große Auflaufform leicht einölen.

Zunächst die Auberginen mit grobem Salz bestreuen, um ihnen die Bitterstoffe zu entziehen (siehe Seite 19). Abspülen, trocken tupfen und kurz in Mehl wenden. Das Frittieröl in einen tiefen Topf geben und die Auberginenscheiben portionsweise ausbacken. Danach auf Küchenkrepp abtropfen lassen. Das Olivenöl in eine große Kasserolle geben und die Zwiebeln darin glasig dünsten. Dann den Reis einrühren und nach 5 Minuten die Hälfte der Brühe hinzufügen. Langsam weitergaren lassen, und wenn notwendig, Brühe nachgießen. Nach 10 Minuten den Reis von der Kochstelle nehmen. Er sollte jetzt die gesamte Brühe aufgenommen haben, aber noch bissfest sein. Mit der Butter und der Petersilie mischen. Mit Salz und Pfeffer abschmecken. Einen Teil der

Auberginenscheiben über den Boden der Auflaufform verteilen. Mit einem Drittel der Tomatensauce bedecken, dann mit etwas Basilikum, geriebenem Käse und der halben Menge Reis bedecken. Über den Reis kommen ein Drittel der Käsescheiben, die Hälfte der restlichen Auberginen und der restlichen Tomatensauce und noch eine Schicht geriebener Käse. Das Ganze in derselben Reihenfolge wiederholen. Mit Käsescheiben abschließen und den restlichen geriebenen Käse darüberstreuen. 15 Minuten knusprig und goldgelb überbacken.

Tomatensauce

Bei vielen Rezepten sind nur geringe Mengen frischer Tomatensauce notwendig. Anstatt sie durch Tomatenmark zu ersetzen, rate ich Ihnen, Tomatensauce auf Vorrat herzustellen, die Sauce in Portionsbehälter abzufüllen und einzufrieren, um nach Bedarf die benötigte Menge aufzutauen. Eiertomaten aus der Dose sind gut geeignet, wenn keine vollreifen aromatischen Tomaten vorrätig sind.

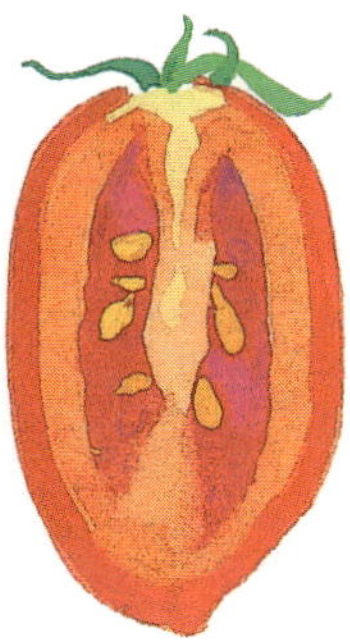

2 EL Olivenöl extra vergine
1 kleine Zwiebel, fein gehackt
2 Dosen à 400 g italienische Eiertomaten
4 frische Basilikumblätter, grob zerkleinert
Salz

Das Öl in einer flachen Kasserolle erhitzen und die Zwiebel darin glasig dünsten. Die Tomaten mit dem Basilikum hinzufügen, mit Salz bestreuen und bei starker Hitze eindicken lassen, bis der Saft weitgehend verdampft ist. Anschließend passieren.

RISOTTO DI MELANZANE

Auberginenrisotto

In Italien sind Auberginen in einem vielfältigen Farbspektrum von Weiß bis hin zu dunklem Purpur erhältlich. Die kleine lila Sorte macht sich in diesem Rezept optisch am schönsten. Davon abgesehen schmeckt dieser Risotto natürlich ebenso gut mit anderen Auberginen, die nur frisch sein müssen. Fad schmeckende Exemplare liegen lassen! Auch hier ist es unerlässlich, den Bittergeschmack der Auberginen durch vorheriges Einsalzen zu mildern.

FÜR 4 PERSONEN

300 g kleine, feste, glänzende Auberginen, in Würfel geschnitten
grobes Salz für die Auberginen zum Entziehen der Bitterstoffe
75 g Butter
2 EL Olivenöl extra vergine
Je 1 Zwiebel und Knoblauchzehe, fein gehackt
300 ml frische Tomatensauce (siehe Seite 21)
350 g Carnaroli (wahlweise Vialone Nano oder Arborio)
1 l klare Fleisch- oder Gemüsebrühe
1 EL fein gehackte frische Petersilie
50 g frisch geriebener Parmesan
Schwarzer Pfeffer

Die Auberginenwürfel mit grobem Salz bestreuen, um die Bitterstoffe zu entziehen (siehe Seite 19). Die Hälfte der Butter und das Öl in einer großen Kasserolle erhitzen und Zwiebeln, Knoblauch und Auberginen 5 Minuten lang darin garen. Die Tomatensauce und danach den Reis einrühren; 5 Minuten lang köcheln lassen. Nach und nach die kochende Brühe einrühren, wobei der Reis die Flüssigkeit immer erst aufgenommen haben muss, bevor die nächste Kelle eingerührt wird. 20 Minuten so fortfahren, bis der Reis gar ist und die Brühe aufgesogen hat. Dann mit der Petersilie, dem Parmesan und etwas schwarzem Pfeffer verrühren.

Risotto Preboggion

Grüner Kräuterrisotto

In Ligurien wird dieser Risotto mit *preboggion*, den gemischten Wildkräutern der Saison, zubereitet. Nach der Legende soll ein Ritter namens Goffredo di Buglione aus Genua auf seinem Weg ins Heilige Land seine Männer tagtäglich zum Sammeln aromatischer Kräuter in die umliegenden Hügel geschickt haben. Diese Kräuter wurden *pro Buglione* genannt, woraus im Laufe der Zeit *preboggion* wurde. Diejenigen unter uns, die keine Armee zum Kräutersammeln haben, sollten es einmal mit der Kombination versuchen, die ich in diesem Rezept verwende:

Für 4 Personen

2 EL Olivenöl
1 Knoblauchzehe, gepresst
1 kleine Zwiebel, fein gehackt
350 g Carnaroli (wahlweise Vialone Nano oder Arborio)
2 kleine Zucchini, gewürfelt
100 g gekochter Spinat, fein gehackt
50 g gemischte gehackte Kräuter (Minze, Salbei, Rosmarin)
je 30 g Basilikum, Petersilie und Rucola, frisch und fein gehackt
1 l klare Fleisch- oder Gemüsebrühe
Salz und schwarzer Pfeffer
50 g frisch geriebener Parmesan
30 g Butter

Das Öl in einer großen Kasserolle erhitzen. Den Knoblauch und die Zwiebeln darin gar dünsten. Dann den Reis einrieseln lassen und 5 Minuten lang rühren, damit er ringsherum gut in Öl gehüllt ist. Das restliche Gemüse und die Kräuter hinzufügen und nach und nach die kochende Brühe einrühren, wobei der Reis die Flüssigkeit immer erst vollständig aufgenommen haben soll, bevor eine weitere Kelle hinzugefügt wird. 20 Minuten so fortfahren, bis der Reis gar ist. Dann mit Salz und Pfeffer würzen, mit dem Käse und der Butter verrühren. Sofort servieren.

Riso e Piselli col Pesto

Reis und Erbsen mit Pesto

Was den Pesto angeht, schwören die Ligurier auf Handarbeit, nur hat dafür heutzutage kaum noch jemand die Zeit oder die Lust, geschweige denn die Armmuskulatur. Im Frühling und im Sommer, wenn es frisches Basilikum in Fülle gibt, mache ich mir mehrmals die Woche frischen Pesto mit Hilfe der Küchenmaschine. Das geht im Handumdrehen, und während die Nudeln noch kochen, steht die köstliche Sauce schon bereit. Um die Sauce schön sämig zu machen, gebe ich zerkrümelten Parmesan und Pinienkerne hinein (Rezept für Pesto siehe nächste Seite). Pesto begleitete die genuesischen Kreuzfahrer in den Orient, und dieselbe würzige Sauce sorgte für das leibliche Wohl der großen Entdecker, die von Ligurien aus die Welt umsegelten.
Hier nun ein Gericht, bei dem Pesto der Mischung aus Erbsen und Reis eine neue Dimension verleiht.

Für 4 Personen

50 g Butter
50 g Rohschinken oder Schinkenspeck, gewürfelt
1 mittelgroße Zwiebel, fein gehackt
Salz und schwarzer Pfeffer
350 g Carnaroli
(wahlweise Vialone Nano oder Arborio)
600 g ungeschälte oder 250 g geschälte Erbsen
2 EL Spinat, gehackt
2 EL frischen Pesto (siehe nächste Seite)
25 g frisch geriebener Parmesan

Die Butter in einer Pfanne erhitzen und die Schinken- oder Speckwürfel darin langsam garen. 750 ml Wasser in eine Kasserolle geben und zum Kochen bringen, etwas Salz und den Reis hinzufügen und 10 Minuten sieden lassen. Die Erbsen und den Spinat unter den Reis mischen und weitere 7 Minuten garen. Der Reis muss gar, aber noch bissfest sein. Dann die Mischung aus Schinken und Speck, den Pesto und den Käse einrühren und sogleich servieren.

Pesto

2 Knoblauchzehen
2 EL Pinienkerne
4 EL grob zerkrümelten Parmesan
1 großer Strauß frisches Basilikum
Salz und schwarzer Pfeffer
75 ml Olivenöl extra vergine

Den Knoblauch, die Pinienkerne und den Parmesan in die Küchenmaschine geben und zerkleinern. Die Basilikumblätter abwaschen, trocken tupfen; dann mit Salz und Pfeffer zu der bereits zerkleinerten Mischung geben. Die Maschine in Gang setzen und das Olivenöl portionsweise hinzufügen. Durch den Parmesan und die Pinienkerne bleibt die Sauce leicht sämig.

MINESTRA DI RISO E ZUCCHINI

Reis-Zucchini-Suppe

Diese *minestra* schmeckt nur mit jungen, festen Zucchini. Ältere Exemplare haben einen bitteren Beigeschmack.

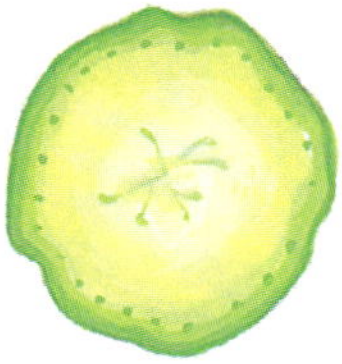

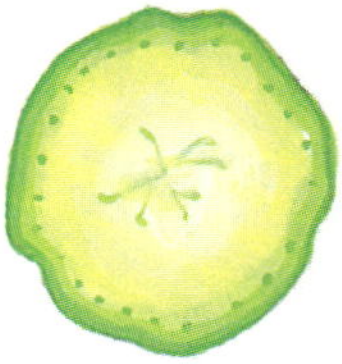

FÜR 4 PERSONEN

50 g Butter
1 Zwiebel, fein gehackt
250 g Zucchini, in kleine Würfel
oder in dünne Scheiben geschnitten
1,2 l klare Fleisch- oder Gemüsebrühe
200 g Carnaroli (wahlweise Vialone Nano oder Arborio)
50 g frisch geriebener Parmesan
Salz und schwarzer Pfeffer
1 EL frische gehackte Petersilie

Die Butter in einer großen Kasserolle erhitzen und die Zwiebel darin glasig dünsten. Die Zucchini hinzufügen und 5 Minuten lang unter Rühren garen. Mit der kochenden Brühe auffüllen und den Reis einrühren. Erneut zum Kochen bringen und 15 bis 20 Minuten sieden lassen. Mit Salz und Pfeffer abschmecken, den Parmesan und die Petersilie einrühren. Sofort servieren.

RISO E FASOI ALLA FRIULANA

Suppe mit Reis und Bohnen

Der friulische Winter ist kalt. Diese herzhafte *minestra* wärmt von innen heraus und schmeckt noch besser, wenn dazu einer der vollmundigen Rotweine der Region gereicht wird.

FÜR 4 PERSONEN

1 EL Olivenöl extra vergine
100 g durchwachsener Speck, in kleine Stücke geschnitten
1 Zwiebel, fein gehackt
1 Stange Sellerie, fein geschnitten
150 g weiße Bohnen, über Nacht eingeweicht
200 g Kartoffeln, geschält und in Würfel geschnitten
1 Lorbeerblatt
1,5 l Brühe
200 g Vialone Nano (wahlweise Carnaroli oder Arborio)
Schwarzer Pfeffer
50 g frisch geriebener Parmesan (kann weggelassen werden)

Das Öl in einer großen Kasserolle erhitzen und den Speck, die Zwiebeln und Selleriestückchen darin garen. Nacheinander die abgetropften Bohnen, die Kartoffeln und das Lorbeerblatt hinzufügen. Mit kochender Brühe bedecken und 2 Stunden lang bei schwacher Hitze köcheln lassen. Wenn die Bohnen am Rand aufplatzen, den Reis einrieseln lassen. 15 bis 20 Minuten weiterköcheln lassen, dann mit schwarzem Pfeffer bestreuen. Der Käse wird auf Wunsch separat dazu gereicht.

MINESTRA DI RISO E CIME DI RAPE

Stengelkohl-Reis-Suppe

In Apulien wird Stengelkohl speziell wegen seiner grünen, aromatischen Blätter gezogen, die sich in der Küche vielseitig verwenden lassen. Diese *minestra* stammt aus Foggia in Nordapulien.

FÜR 4 PERSONEN

500 g Stengelkohl oder Broccoli, gewaschen und zurechtgeschnitten
1 EL Olivenöl extra vergine
1 Scheibe ungeräucherter durchwachsener Speck, in kleine Würfel geschnitten
1/3 getrocknete Chilischote, zerdrückt
1 kleine Zwiebel, gehackt
1 Knoblauchzehe, fein gepresst
2 EL frische Tomatensauce (siehe Seite 21)
Ca. 1 l klare Fleischbrühe
200 g Carnaroli (wahlweise Vialone Nano oder Arborio)
Salz
1 EL sehr gutes Olivenöl (kann weggelassen werden)
2 EL frisch geriebener Pecorino

Den Stengelkohl gegebenenfalls in einzelne Röschen teilen. Das Olivenöl in einer großen Kasserolle erhitzen und den Speck, Chili, Zwiebeln und Knoblauch hinzufügen. Kurz andünsten, wobei Zwiebeln und Knoblauch ihre Farbe nicht verändern dürfen. Dann die Tomatensauce und den Stengelkohl (oder den Broccoli) einrühren. Nach einigen Minuten rund 250 ml kochende Brühe und den Reis hinzufügen. Ab und zu umrühren, und wenn notwendig, Brühe nachgießen. Rund 25 Minuten lang köcheln lassen. Die *minestra* soll schön sämig und trotzdem noch flüssig sein. Wenn der Pecorino nicht salzig genug ist, vorsichtig nachsalzen. Auf Wunsch mit gutem Olivenöl beträufeln und den Käse darüberstreuen. Falls Sie Öl verwenden, brauchen Sie weniger Käse.

MINESTRA NAPOLETANA

Neapolitanische Suppe mit Reis und Wirsing

Diese wirklich herzhafte *minestra* wärmt an kalten Abenden und ergibt noch eine nahrhafte Mahlzeit am nächsten Tag.

FÜR 4 PERSONEN

1 EL Olivenöl extra vergine
100 g durchwachsener Speck, gewürfelt
1 kleine Zwiebel, fein gehackt
1 Knoblauchzehe, fein gepresst
1/3 getrocknete Chilischote
1,2 l klare Fleischbrühe oder Wasser
1 kleiner Wirsingkohl, von Blattrippen und Stielansatz befreit und in Streifen geschnitten
200 g Carnaroli
(wahlweise Vialone Nano oder Arborio)
100 g Käsewürfel
(Caciocavallo oder Provolone)
2 EL frisch geriebener Parmesan
1 EL frisch geriebener Pecorino
Salz

Das Öl in einer großen Kasserolle erhitzen und den Speck, die Zwiebeln und den Knoblauch darin gar dünsten. Die zerkrümelte Chilischote hinzufügen. Die Hälfte der Brühe oder des gesalzenen Wassers erhitzen; dann die Kohlblätter und die Zwiebelmischung in die kochende Flüssigkeit einrühren. Jetzt den Reis einrieseln lassen und gut verrühren. Zirka 25 Minuten köcheln lassen und bei Bedarf Wasser oder Brühe nachfüllen. Die Suppe soll schön dick, aber flüssig sein.

Kurz vor Ende des Garvorgangs die Käsewürfel in die Suppe geben. Danach den Topf von der Kochstelle nehmen, den geriebenen Käse einrühren, mit Salz abschmecken und sofort servieren.

RISI COI FENOCI

Risotto mit Fenchel

Dieser feinaromatische Risotto aus Venedig ist ein Gedicht. Gesund und bekömmlich, wird dieses Gericht als Schonkost nach Völlereien verordnet. Aber Vorsicht – das Aroma ist so unwiderstehlich, dass ich gar nicht mehr aufhören konnte, als ich diesen Risotto zum ersten Mal aß!

FÜR 4 PERSONEN

80 g Butter
1 kleine Zwiebel, in dünne Scheiben geschnitten
1 große Fenchelknolle mit dem Grün, in dünne Streifen geschnitten
350 g Vialone Nano (wahlweise Carnaroli oder Arborio)
1 l klare Fleisch- oder Gemüsebrühe
4 EL frisch geriebener Parmesan
Salz und schwarzer Pfeffer

Die Hälfte der Butter in einer großen Kasserolle erhitzen und die Zwiebeln und den Fenchel darin 15 Minuten gar dünsten, ohne dass sie ihre Farbe verändern. Den Reis hinzufügen und zirka 5 Minuten in der Zwiebel-Fenchel-Mischung ständig rühren. Die Brühe zum Kochen bringen, dann nach und nach etwas kochende Brühe über den Reis geben, wobei der Reis die Flüssigkeit erst vollständig aufgenommen haben muss, bevor erneut Brühe zugegossen wird. 20 Minuten so fortfahren, bis der Reis gar, aber noch flüssig ist – *all'onda*, wie die Italiener sagen (siehe Seite 10). Die restliche Butter und den Parmesan unter Schlagen daruntermischen, mit Salz und frisch gemahlenem Pfeffer bestreuen und sofort servieren.

Minestra di Porri e Riso

Lauch-Reis-Suppe

Heute steht der Name der berühmten Feinschmeckerstadt Asti im Piemont für Gaumenfreuden von höchster Vollendung, obwohl es dort früher nichts weiter als Knoblauch und Lauch gab. Die folgende für die Gegend typische Suppe war im Mittelalter sehr beliebt, weil die Volksmedizin dem Lauch blutreinigende Wirkung zuschrieb. Aber wie auch immer, sie schmeckt, ist preiswert und wärmt von innen heraus, wenn der Herbst die ersten kalten, nebligen Tage bringt. Nach dem piemontesischen *nebbiolo* wurde auch ein großer Rotwein benannt.

Für 4 Personen

100 g Butter
300 g Lauch, geputzt und in Ringe geschnitten
1 dünne Scheibe durchwachsener Speck, in Würfel geschnitten (kann weggelassen werden)
1 Knoblauchzehe, fein gehackt
1 Lorbeerblatt
150 g Kartoffeln, geschält und in Stücke geschnitten
1,5 l kochendes Wasser
Salz und schwarzer Pfeffer
300 g Carnaroli (wahlweise Vialone Nano oder Arborio)
Muskatnuss zum Reiben
Je 75 g Gruyère und Fontina, gewürfelt

Die Hälfte der Butter in einer großen Kasserolle zerlassen und nacheinander die Hälfte der Lauchringe, den Speck, den Knoblauch und das Lorbeerblatt hineingeben. Den Topf schließen und 30 Minuten bei schwacher Hitze garen. Dann die restlichen Lauchringe, die Kartoffelstückchen und das kochende Wasser hinzufügen. 15 Minuten weiterköcheln lassen, mit Salz und Pfeffer würzen und den Reis einrühren. Muskatnuss darüberreiben. Wenn der Reis gar ist, die Kartoffeln mit einem Holzlöffel zerstampfen, die Käsewürfel und die restliche Butter unterrühren. Vor dem Servieren nochmals mit Salz und Pfeffer abschmecken.

MINESTRA DI RISO E LENTICCHIE

Suppe mit Reis und Linsen

Diese *minestra* kommt aus Umbrien, wo der Reis keinen so hohen Stellenwert hat. Am besten gelingt sie mit den Linsen von der Hochebene Castelluccio bei Norcia.

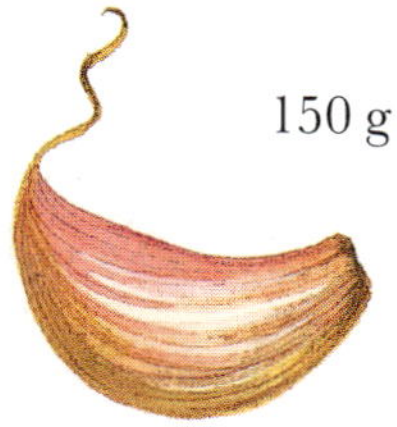

FÜR 4 PERSONEN

150 g italienische Linsen, unter fließendem Wasser abgespült
300 g Tomaten
4 EL Olivenöl extra vergine
1 Knoblauchzehe, fein gepresst
50 g durchwachsener Speck, in feine Würfel geschnitten
1 getrocknete Chilischote (kann weggelassen werden)
1 EL fein gehackte frische Petersilie
1 l klare Fleischbrühe oder Wasser
150 g Vialone Nano (wahlweise Carnaroli oder Arborio)
Salz und schwarzer Pfeffer

Die Linsen in ungesalzenem Wasser garen, abgießen und stehen lassen. Die tatsächliche Gardauer richtet sich nach der Linsenqualität. Junge Linsen brauchen zirka 20 Minuten, um weich zu werden. Zum Enthäuten werden die Tomaten kurz mit kochendem Wasser überbrüht. Dann jede Tomate vierteln und mit einem kleinen Messer die Kerne entfernen. Das Olivenöl in einer großen Kasserolle erhitzen. Den Knoblauch und den Speck darin vorsichtig auslassen. Gegebenenfalls die getrocknete, zerkrümelte Chilischote hinzufügen. Die Tomatenstücke und die Petersilie einrühren, weitere 5 Minuten garen, dann die Brühe oder das Wasser hinzufügen. Zum Kochen bringen, den Reis hineinschütten und 10 Minuten später die Linsen dazugeben. 10 Minuten mitköcheln lassen. Vor dem Servieren mit Salz und Pfeffer abschmecken.

RISOTTO CON I FUNGHI

Risotto mit Waldpilzen

Um den authentischen Geschmack zu erzielen, sollten Sie ein paar aromatische Waldpilze unter die Zuchtpilze mischen. Diese werden sauber gewischt, dürfen aber nicht gewaschen werden. Getrocknete Steinpilze werden 15 Minuten lang in lauwarmes Wasser gelegt und anschließend in ein Sieb gegeben, um Sandreste herauszufiltern, bevor sie in die Brühe kommen.

FÜR 4 PERSONEN

50 g Butter
200 g frische Pilze, gesäubert, abgetupft und in Scheiben geschnitten
Salz und schwarzer Pfeffer
350 g Carnaroli (wahlweise Vialone Nano oder Arborio)
1 Zwiebel, fein gehackt
1 l klare Fleisch- oder Gemüsebrühe
2 Knoblauchzehen, fein gehackt
1 Hand voll gehackte frische Petersilie
50 g frisch geriebener Parmesan

Die Hälfte der Butter in einer Pfanne zerlassen und die Pilze mit etwas Salz und Pfeffer darin anbraten. Die restliche Butter in den Risottotopf geben, erhitzen und die Zwiebel darin gar dünsten. Den Reis hinzufügen und gut umrühren, damit er das Aroma aufnimmt, dann nach und nach die kochende Brühe einrühren, wobei der Reis die Flüssigkeit erst vollständig aufgenommen haben muss, bevor erneut Brühe zugegossen wird. Nach zirka 15 Minuten mit Salz und Pfeffer abschmecken und die Pilze, den Knoblauch und die Petersilie einrühren. Der Reis muss noch flüssig sein, *all'onda* (siehe Seite 10). Von der Herdplatte herunternehmen und den Parmesan untermischen.

RISOTTO ALLA CIPOLLA

Risotto mit Zwiebeln

An einem kalten, nebligen Januarabend, der mich an meine Londoner Kindheit und eine wärmende Erbsensuppe denken ließ, traf ich mit dem Bummelzug aus Parma in Mantua ein. Entgegen meiner ursprünglichen Absicht, mich mit dem Taxi direkt in ein Restaurant am Stadtrand zu begeben, gab ich meiner Sehnsucht nach Wärme und Geborgenheit nach und ließ mich von dem Licht einer einfachen Trattoria anlocken. Dort servierte man mir einen Teller mit diesem Zwiebelrisotto, den ich bis zum letzten Löffel genoss. Auch dieser Risotto wird *all'onda* gegart (siehe Seite 10).

FÜR 4 PERSONEN

50 g Butter
3 weiße Zwiebeln, fein gehackt
150 ml trockener Weißwein
Salz und schwarzer Pfeffer
350 g Vialone Nano (wahlweise Carnaroli oder Arborio)
1 l klare Fleisch- oder Gemüsebrühe
150 ml Sahne (Crème double)
50 g frisch geriebener Parmesan

Die Hälfte der Butter erhitzen und die Zwiebeln darin glasig dünsten. Die Hälfte des Weins zufügen und alles in der Küchenmaschine zu einer glatten Sauce verarbeiten. Salzen und pfeffern. Die restliche Butter in eine große Kasserolle geben, den Reis hineingeben und 5 Minuten gut rühren. Den restlichen Wein hineingießen und weiterrühren, bis die Flüssigkeit fast verdampft ist. Dann nach und nach die kochende Brühe und die Zwiebelsauce einrühren, wobei der Reis die Flüssigkeit erst vollständig aufgenommen haben muss, bevor erneut Brühe und Sauce zugegossen werden. 15 bis 20 Minuten so fortfahren, bis der Reis gar ist. Mit der Sahne (Crème double), dem geriebenen Parmesan und etwas schwarzem Pfeffer vermischen und sofort servieren.

Risi e Bisi

Reis und Erbsen

Diese venezianische Spezialität wurde dem Dogen zum Fest des Heiligen Markus am 25. April serviert. Rossini setzte ihr in seiner Oper *Tancredi* ein Denkmal, indem er in seinem Stammlokal in Venedig dazu einmal eine Einlage für den Chor komponierte, während er auf sein *Risi e bisi* wartete. Traditionsgemäß wurde das Gericht mit den ersten süßen Früherbsen zubereitet. Aber es gelingt auch mit tiefgefrorenen Erbsen, wenn die Brühe würzig ist. Falls frische junge Erbsen vorrätig sind, kocht man die Brühe aus den leeren, ausgewaschenen Schoten in leicht gesalzenem Wasser. *Risi e bisi* sollte etwas flüssiger sein als Risotto, fast wie eine dicke Suppe.

Für 4 Personen

80 g Butter
1 kleine Zwiebel, fein gehackt
50 g rohen oder gekochten Schinken oder Schinkenspeck, in kleine Würfel geschnitten
1 kg frische junge Erbsen mit Schoten (wahlweise 400 g tiefgefrorene Erbsen)
1 l klare Fleischbrühe
300 g Vialone Nano (wahlweise Carnaroli oder Arborio)
50 g frisch geriebener Parmesan
Salz und schwarzer Pfeffer

Die Hälfte der Butter in einer großen Kasserolle zerlassen, die fein gehackte Zwiebel mit Schinkenstückchen einrühren. Nach einigen Minuten die geschälten Erbsen und 2 Schöpfkellen kochendes Wasser hinzufügen. Sind keine süßen jungen Erbsen vorrätig, kommt etwas Zucker hinein. Zugedeckt 5 Minuten garen lassen, größere Erbsen entsprechend länger. Die Brühe hineingießen und erneut zum Kochen bringen. Den Reis hinzufügen und mitköcheln lassen; hin und wieder umrühren und eventuell Flüssigkeit nachfüllen. Den fertig gegarten Reis mit dem Rest der Butter und geriebenem Käse mischen. Abschmecken und mit schwarzem Pfeffer bestreuen.

Risotto alle Primizie

Risotto mit Frühlingsgemüse

»Aimo e Nadia«, so heißt mein Lieblingsrestaurant in Mailand, wo ich immer aufs Neue von den Kochkünsten der gleichnamigen Besitzer begeistert bin. Sie verarbeiten ihre wundervollen Zutaten mit viel Kreativität, doch übertreiben sie nie nur um der Originalität willen. Ihr Geheimnis ist die Schlichtheit in höchster Vollendung, die das Wesen der guten italienische Küche ausmacht.

Für 4 Personen

100 g geschälte dicke Bohnen (*fave*)
100 g geschälte Erbsen
30 g junge Möhren, in Stifte geschnitten
30 g kleine Zucchini, in Stifte geschnitten
350 g Carnaroli (wahlweise Vialone Nano oder Arborio)
4 EL Olivenöl extra vergine
Salz und schwarzer Pfeffer
300 g reife Tomaten
200 g frischer Ricotta (Raumtemperatur)
8 Basilikumblättchen

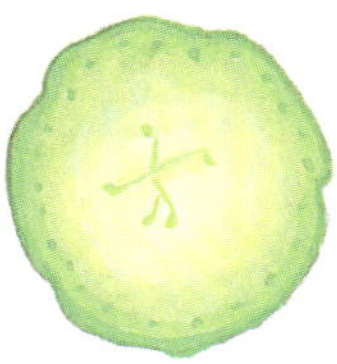

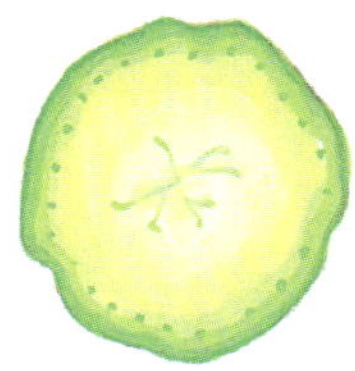

Das Frühlingsgemüse in eine Kasserolle mit leicht gesalzenem, kochenden Wasser geben. 10 Minuten garen, abseihen und das Gemüse warm stellen. Die Tomaten hacken oder passieren.

700 ml leicht gesalzenes Wasser in einer zweiten Kasserolle zum Kochen bringen, den Reis hineingeben und 15 bis 20 Minuten garen. Wenn der Reis die Flüssigkeit aufgenommen hat, mit der Hälfte des Öls, Salz und Pfeffer mischen und auf Esstellern anrichten.

Auf jeden Teller kommt in die Mitte ein Löffel Tomatenpüree und etwas Ricotta. Dann das fein gezupfte Basilikum darüberstreuen. Das restliche Olivenöl mit dem abgetropften Frühlingsgemüse mischen und das Gemüse auf den Reis geben.

PEPERONI AL RISO

Paprikaschoten mit Reisfüllung

Die bunten Paprikaschoten setzen optische Akzente auf dem Vorspeisenteller.

FÜR 4 PERSONEN

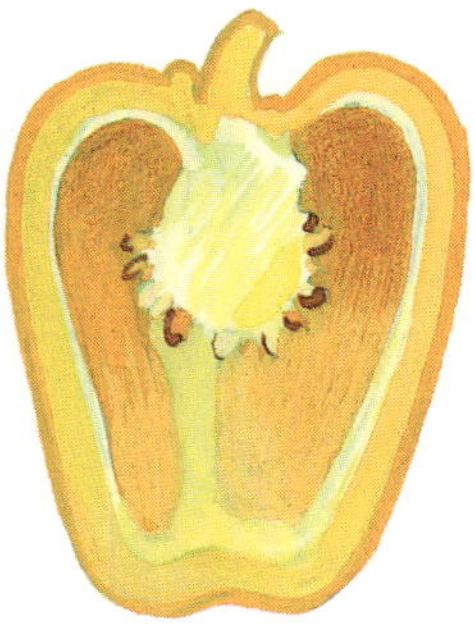

200 g Carnaroli (wahlweise Vialone Nano oder Arborio)
50 g Butter
2 TL fein gehackte frische Petersilie
Salz und schwarzer Pfeffer
4 große rote oder gelbe Paprikaschoten
2 EL frische Semmelbrösel
2 EL Olivenöl extra vergine
2 Knoblauchzehen, fein gehackt
4 Anchovisfilets, gehackt
30 g frisch geriebener Pecorino
(kann weggelassen werden)

Den Backofen auf 175 °C (Gasherd Stufe 2–3) vorheizen und eine große Auflaufform einfetten.

500 ml leicht gesalzenes Wasser zum Kochen bringen und den Reis 10 Minuten lang garen. Das Wasser abgießen, die Butter und die Petersilie in den Reis einrühren, salzen und pfeffern.

Die Paprikaschoten der Länge nach halbieren, die weißen Samenstränge herausschneiden. Dann die Hälften (Öffnung nach oben) in die Auflaufform setzen und je 1 Löffel Reis in die Öffnung füllen. Mit den Semmelbröseln bestreuen. Das Öl in einer Pfanne erhitzen, den Knoblauch und die mit dem Kochlöffelrücken zerdrückten Anchovisfilets vorsichtig darin garen. Sind die Anchovisfilets »zergangen«, den Pfanneninhalt über die Paprikaschoten geben. Gegebenenfalls mit Pecorino bestreuen und alles 25 Minuten im Ofen überbacken.

RISI E PEPERONI

Reis mit Paprikagemüse

Auch dieses schmackhafte Gericht kommt aus dem Veneto. *Risi e Peperoni* ist ein Lieblingsgericht meiner Familie, und ich konnte es in vielen römischen Haushalten einführen. Dort wird man es wahrscheinlich nur mit Olivenöl zubereiten, weil im Süden Italiens nicht mit Butter gekocht wird.

FÜR 4 PERSONEN

1 feste rote Paprika
1 feste gelbe Paprika
50 g Butter
2 EL Olivenöl extra vergine
1 Zwiebel, in feine Scheiben geschnitten
1 EL fein gehackte frische Petersilie
4 Basilikumblättchen, grob zerpflückt
1 Knoblauchzehe, fein gepresst
Salz und schwarzer Pfeffer
350 g Vialone Nano (wahlweise Carnaroli oder Arborio)
30 g frisch geriebener Parmesan (kann weggelassen werden)

Zunächst die Paprikaschoten über einer Flamme oder auf dem Grill rösten, bis die Haut Blasen wirft. Die Haut abziehen, die hellen Samenstränge herausschneiden. Paprika in Streifen schneiden. Die Hälfte der Butter und das Olivenöl erhitzen und die Zwiebeln darin anbraten. Die Kräuter, den Knoblauch und die Paprikastreifen einrühren, salzen und pfeffern. Langsam garen lassen. Den Reis getrennt in einer großen Kasserolle in leicht gesalzenem Wasser garen (siehe Seite 10). Das Wasser abgießen. Den Reis mit der restlichen Butter und der Paprikamischung verrühren. Mit Salz und Pfeffer abschmecken und sofort servieren. Parmesan auf Wunsch separat dazu reichen.

TIELLA DI PATATE, RISO E POMODORINI

Gebackener Reis mit Kartoffeln und Tomaten

Dieses vegetarische Gericht kann als Hauptgericht, Vorspeise oder Beilage gereicht werden. Am besten mundet es bei Raumtemperatur, aber auch heiß oder kalt ist es ein Genuss. Nach apulischem Brauch wird am Schluss Olivenöl in der Form eines Kreuzes darübergeträufelt.

FÜR 4 PERSONEN

2 EL fein geriebener Pecorino
2 Knoblauchzehen, fein gepresst
1 EL gehackte, frische Petersilie
500 g Kartoffeln,
in dünne Scheiben geschnitten
Salz und schwarzer Pfeffer
1 große Zwiebel, in dünne Streifen geschnitten
200 g Kirschtomaten, halbiert
200 g Arborio (Carnaroli oder Vialone Nano), der zuvor eingeweicht wurde
2 EL Olivenöl extra vergine

Den Backofen auf 170 °C (Gasherd Stufe 2) vorheizen und eine große Auflaufform (vorzugsweise Keramik) leicht einfetten.

Den Pecorino mit dem Knoblauch und der Petersilie von Hand oder in der Küchenmaschine mischen. Dann die Hälfte der Kartoffelscheiben so in die Auflaufform geben, dass sich die Scheiben etwas überlappen. Salz und Pfeffer darüber geben. Die Hälfte der Zwiebeln darüber verteilen und obenauf die Hälfte der Tomaten anordnen. Das Reiswasser abgießen, aber aufbewahren. Die halbe Reismenge über die Tomaten streichen und mit der halben Menge Pecorino bestreuen. Die Hälfte des Olivenöls darüberträufeln. Mit Ausnahme der Tomaten werden sämtliche Zutaten in dieser Reihenfolge nochmals übereinander geschichtet. Mit Käse abschließen und die restlichen Tomaten obenauf verteilen. Jetzt das Reiswasser vorsichtig in den Spalt am Rand der Auflaufform füllen, bis knapp unterhalb der oberen Käseschicht. Der Reis und die Kartoffeln benötigen viel Flüssigkeit zum Backen. Das restliche Olivenöl darübergeben und zirka 40 Minuten im Backofen garen. Nach 20 Minuten den Flüssigkeitsstand prüfen, und wenn nötig, noch etwas heißes Wasser in den Zwischenraum am Rand einfüllen. Der Auflauf muss außen schön knusprig, aber innen noch feucht sein.

RISO E PATATE

Risotto mit Kartoffeln und Rosmarin

In Italien werden Kartoffeln mit Reis oder Pizza zu köstlichen Speisen kombiniert, während Nicht-Italiener allein bei dem Gedanken daran einen inneren Widerstand überwinden müssen. Ich bin eine überzeugte Anhängerin dieser Küche und habe eine wahre Leidenschaft für die ampulischen *tielle* (siehe Seite 39) und die römische *pizza rustica* mit Kartoffeln und Rosmarin. In Venedig isst man an den feuchten kalten Wintertagen gern *Riso e Patate.* Als begeisterte Leserin von Donna Leons Krimis kann ich mir lebhaft vorstellen, wie sich die Brunettis in der Zeit des *aqua alta*, wenn Venedig unter Wasser steht, über so einen Risotto zum Mittagessen freuen.

FÜR 4 PERSONEN

50 g Butter
50 g Speck, gewürfelt
1 Zwiebel, in feine Streifen geschnitten
3 mittelgroße Kartoffeln, geschält und in Würfel geschnitten
2 TL frischer Rosmarin, gehackt
300 g Vialone Nano (wahlweise Carnaroli oder Arborio)
1,5 l klare Fleischbrühe
Salz und schwarzer Pfeffer
50 g frisch geriebener Parmesan

Die Hälfte der Butter in einer Kasserolle zerlassen. Speck und die Kartoffeln einrühren. Nach 5 Minuten Zwiebeln und Kräuter hinzufügen und weitere 5 Minuten garen lassen. Den Reis einrühren und 5 Minuten aromatisieren lassen. Nach und nach die kochende Brühe einrühren, wobei der Reis die Flüssigkeit erst vollständig aufgenommen haben muss, bevor erneut Brühe zugegossen wird. Wenn der Reis gar, aber noch bissfest ist, mit Salz und Pfeffer abschmecken und mit der restlichen Butter und der Hälfte des Parmesans verrühren. Den restlichen Parmesan getrennt dazu reichen.

Riso e Zucca

Reis mit Kürbis

Vor langer Zeit, als ich noch in England lebte, pflegte ich mit der Stadt Mantua die Verbannung Romeos aus Verona zu verbinden, aber heute sind meine Assoziationen mit Mantua eher kulinarisch als literarisch geprägt, weil sich dort und in den umliegenden Dörfern einige der besten Restaurants Italiens befinden. Kürbisgerichte gibt es in vielen Variationen, und dieses delikate Rezept zeugt von der hohen Esskultur, die das 15. Jahrhundert unter der Familie Gonzaga erreichte.

Für 4 Personen

50 g Butter
Je 1 kleine Zwiebel, Möhre und Selleriestange, fein geschnitten
1 Scheibe durchwachsener Speck, in feine Würfel geschnitten (kann weggelassen werden)
400 g Kürbis, geschält, gesäubert und in grobe Stücke geschnitten
1 l klare Fleischbrühe
350 g Vialone Nano (wahlweise Carnaroli oder Arborio)
Salz und schwarzer Pfeffer
50 g frisch geriebener Parmesan

Die Hälfte der Butter erhitzen; die Zwiebel-, Möhren- und Selleriestückchen darin sanft anbraten. Häufig umrühren und weitergaren, bis das Gemüse passiert werden kann (durch ein Sieb oder in der Passiermühle).

In einer Kasserolle mit schwerem Boden die restliche Butter zerlassen und darin langsam unter ständigem Rühren die Speck- und Kürbisstückchen garen. Sie dürfen ihre Farbe nicht verändern. Die Brühe aufkochen lassen, über den Kürbis geben, das passierte Gemüse und den Reis hinzufügen. Ungefähr 15 Minuten lang garen lassen und die allmählich eindickende Masse immer wieder umrühren. Bei Bedarf Brühe oder kochendes Wasser nachgießen. Der Reis darf nicht zu fest werden.

Mit Salz und Pfeffer abschmecken, den Topf von der Kochstelle nehmen und die Hälfte des Parmesans einrühren. Sofort servieren. Den restlichen Parmesan und frischen Pfeffer aus der Mühle dazu reichen.

RISOTTO AI POMODORI AL FORNO

Risotto mit geschmorten Tomaten

Für dieses Rezept benötigen Sie hocharomatische, vollreife Tomaten. In Umbrien wurde es mir im Hotel »Palazzo Terranova« vom Küchenchef Patrizio Cesarini mit frisch gepflückten Tomaten und Basilikum aus dem eigenen Garten zubereitet. Es schmeckte so hinreißend, dass ich mich hinterher fragte, ob mich nicht auch der Mond, der an jenem Abend über der Terrasse schwebte, ein wenig beeinflusst hatte. Wieder in Rom, kochte ich das Gericht sogleich für ein paar italienische Freunde, die davon trotz der fehlenden umbrischen Landschaft ebenso begeistert waren. Pasta mit Tomaten ist in Italien Alltagskost, aber ein Tomatenrisotto ist nicht so häufig zu finden. Und geschmorte Tomaten entfalten einen besonderen Geschmack.

FÜR 4 PERSONEN

6 große rote Tomaten, halbiert
Salz und schwarzer Pfeffer
6 Basilikumblättchen, halbiert
2 Knoblauchzehen, jeweils in 6 Teile geteilt
2 EL Olivenöl extra vergine
1 Zwiebel, fein gehackt
350 g Carnaroli (wahlweise Vialone Nano oder Arborio)
1 l klare Fleisch- oder Gemüsebrühe
Parmesan zum Reiben

Den Backofen auf 240 °C vorheizen (Gasherd Stufe 4–5). Die Tomatenhälften nebeneinander in eine Blechform setzen. Mit Salz und Pfeffer bestreuen, jede Hälfte mit einem Stückchen Basilikum und Knoblauch belegen und 15 Minuten braten. Danach die Tomaten außerhalb der Backröhre mit einem Bratenwender aus der Blechform herausheben. Die Haut, das Basilikum und den Knoblauch entfernen und das Tomatenfleisch hacken.

Das Öl in einer großen Kasserolle erhitzen und die Zwiebel darin glasig dünsten. Den Reis hinzufügen und 5 Minuten gut einrühren. Dann nach und nach die kochende Brühe einrühren, wobei der Reis die Flüssigkeit erst vollständig aufgenommen haben muss, bevor erneut Brühe zugegossen wird. Nach 15 Minuten die Tomaten hinzufügen und noch 5 Minuten rühren, bis der Reis gar, aber noch bissfest ist. Sofort servieren. Den Parmesan getrennt reichen und direkt am Tisch über den Reis reiben.

Risotto con gli Spinaci

Spinatrisotto

Dieser Risotto aus der Toskana wurde mir erstmals im Restaurant »La Chiusa« in Montefollonico serviert. Er präsentiert sich in einem prächtigen Grün. Der Spinat kann auch durch andere grüne Blattgemüse ersetzt werden.

Für 4 Personen

500 g frischer Spinat
100 g Butter
50 g frisch geriebener Parmesan
Etwas geriebene Muskatnuss
Salz
1 Zwiebel, fein gehackt
350 g Vialone Nano (wahlweise Carnaroli oder Arborio)
1 l klare Fleisch- oder Gemüsebrühe

Den Spinat waschen und zugedeckt in einer Kasserolle kurz garen. Gut abtropfen lassen und anschließend pürieren. Die Hälfte der Butter in einer Kasserolle erhitzen, 2 EL Parmesan hinzufügen. Den pürierten Spinat hinzufügen, mit etwas geriebener Muskatnuss und Salz würzen, alles gut verrühren und beiseite stellen. Die Hälfte der restlichen Butter in eine große Kasserolle geben und darin langsam die Zwiebeln glasig dünsten. Den Reis hinzufügen und 5 Minuten rühren, dann nach und nach die kochende Brühe einrühren, wobei der Reis die Flüssigkeit erst vollständig aufgenommen haben muss, bevor erneut Brühe zugegossen wird. Wenn der Reis nach zirka 15 Minuten fast gar ist, den Spinat einrühren und noch ein paar Minuten fertig garen. Zum Abschluss die restliche Butter und den Parmesan untermischen. Sofort servieren.

Minestra Maria

Suppe mit Spinat und Ei

Wie diese *minestra* aus dem Piemont zu ihrem Namen kam, konnte ich bisher nicht in Erfahrung bringen. Mit Mariä Himmelfahrt am 15. August scheint sie jedenfalls nichts zu tun zu haben.

Für 4 Personen

500 g Spinat
50 g Butter
Salz und schwarzer Pfeffer
1 l klare Fleisch- oder Gemüsebrühe
200 g Carnaroli (wahlweise Vialone Nano oder Arborio)
1 rohes Ei
50 g frisch geriebener Parmesan

Den Spinat waschen, trocken schleudern und in Streifen schneiden. Die Butter in einer großen Kasserolle zerlassen und den Spinat einrühren. 4 bis 5 Minuten weiterrühren, bis der Spinat gar ist. Mit Salz und Pfeffer abschmecken.

100 ml Brühe abschöpfen und beiseite stellen. Den Rest der Brühe in einem anderen Topf zum Kochen bringen, den Spinat hineingeben und erneut zum Kochen bringen. Dann den Reis einrieseln lassen und ohne Deckel 15 bis 20 Minuten bei schwacher Hitze garen lassen.

Das Ei mit 1 EL Parmesan und der beiseite gestellten kalten Brühe kräftig verrühren. In eine Suppenterrine geben und den Reis mit dem Spinat einrühren. Der restliche Parmesan wird separat gereicht.

Torta Verde

Torte mit Spinat und Reis

Dieses Ofengericht ist ideal für das Partybüffet, weil es sich gut im Voraus zubereiten lässt. Für die piemontesische *torta* kann auch anderes grünes Blattgemüse verwendet werden.

Für 4 Personen

30 g Butter
4 Eier, verquirlt
30 g geriebener Parmesan
3 Stangen Lauch, geputzt und in Ringe geschnitten
2 Knoblauchzehen, fein gehackt
50 g durchwachsener Speck, in kleine Würfel geschnitten
1 kg Spinat, entstielt, gewaschen und grob gehackt
Salz und schwarzer Pfeffer
150 g Carnaroli (wahlweise Vialone Nano oder Arborio)
600 ml klare Fleischbrühe
Etwas geriebene Muskatnuss
Frische Semmelbrösel, geröstet
30 g Butterflöckchen zum Bestreuen

Den Backofen auf 200 °C vorwärmen (Gasherd Stufe 3). In einer großen Bratpfanne die Butter zerlassen und die Lauchringe darin gar dünsten. Knoblauch und Speckstückchen hinzufügen und, sobald sie sich verfärben, den grob gehackten Spinat, etwas Pfeffer und Salz einrühren. Langsam garen lassen. Wenn der Spinatberg eingesunken ist, nacheinander den Reis und schöpfkellenweise Brühe einrühren, bis der Reis gar ist. Die Flüssigkeit muss restlos aufgenommen, der Reis aber noch bissfest sein.

Den Topf von der Herdplatte nehmen und die Eier, den Käse und etwas geriebene Muskatnuss einrühren. Eine flache, runde Backform mit Butter einfetten und mit gerösteten Semmelbröseln bestreuen. Dann die Spinatmischung löffelweise in die Form geben und verstreichen. Erneut Semmelbrösel darübergeben und die Butter in Flocken obenauf verteilen. 30 Minuten im Ofen backen.

RISOTTO CINQUE TERRE

Risotto nach Art von Cinque Terre

Cinque Terre, so heißen fünf kleine Fischerdörfer, die sich in Ligurien, bei Portovenere, an die Felshänge klammern, dort, wo der Apennin sich zum Meer hin absenkt. Direkt gegenüber von Lerici und dem »Golfo dei Poeti«, der seinen Namen Shelley und Byron verdankt.

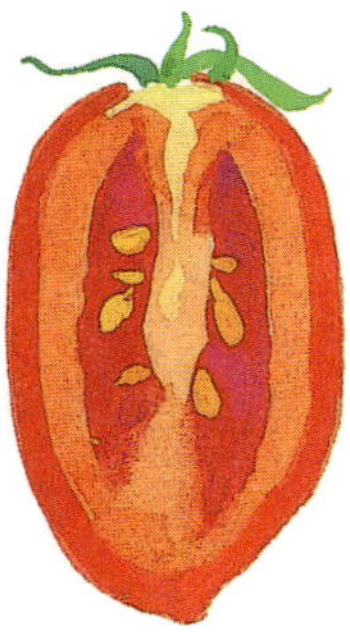

FÜR 4 PERSONEN

2 Knoblauchzehen
1 Hand voll Basilikumblätter
Salz
350 g Tomaten, enthäutet (siehe Seite 31), gehackt und passiert
2 EL Olivenöl extra vergine
30 g Pinienkerne
350 g Carnaroli (wahlweise Vialone Nano oder Arborio)
150 ml trockener Weißwein
1 l klare Fleisch- oder Gemüsebrühe
40 g Butter
30 g frisch geriebener Pecorino

Den Knoblauch und das Basilikum (mit etwas Salz, damit es grün bleibt) zerstoßen. Ich nehme dafür meine Küchenmaschine, aber in Ligurien kommt nur der Mörser mit Stößel in Frage. Die passierten Tomaten in einer Kasserolle mäßig erhitzen und die Knoblauch-Basilikum-Mischung einrühren. 10 Minuten köcheln lassen.

Das Olivenöl in eine andere Kasserolle geben und die Pinienkerne einrühren. Sobald sie die Farbe verändern, den Reis hinzufügen. Nach 5 Minuten unter ständigem Rühren den Wein hinzugießen. Wenn der Wein fast verdampft ist, nach und nach die kochende Brühe einrühren, wobei der Reis die Flüssigkeit erst vollständig aufgenommen haben muss, bevor erneut Brühe zugegossen wird. Nach 10 Minuten die Tomatenmischung einrühren, erneut Brühe einrühren und so fortfahren, bis der Risotto gar ist. Den Topf von der Kochstelle nehmen, die Butter und den Pecorino einrühren. Sofort servieren.

POMODORI AL RISO

Gebackene Tomaten mit Reisfüllung

Die Römer lieben dieses Gericht. In den Sommermonaten biegen sich die Marktstände unter den Steigen voller großer runder, üppig roter Tomaten, deren Güte auf einem Schild in krakeliger Handschrift als *di riso* ausgewiesen wird.

FÜR 4 PERSONEN

8 feste reife Tomaten
8 EL Arborio-Reis (wahlweise Carnaroli oder Vialone Nano)
1 EL frisch gehackte Petersilie
8 Basilikumblättchen, zerpflückt
2 Knoblauchzehen, fein gehackt
2 EL Olivenöl extra vergine
Salz und schwarzer Pfeffer

Den Backofen auf 180 °C (Gasherd Stufe 2–3) vorheizen und einen ausreichend großen Bräter leicht einölen. Von jeder Tomate den oberen Teil kappen und diesen »Deckel« für später aufbewahren. Das Fruchtfleisch behutsam mit einem Teelöffel herausschneiden, ohne dabei die Wand zu beschädigen, und in der Küchenmaschine zu Püree verarbeiten. Danach die restlichen Zutaten außer dem Olivenöl daruntermischen. Die ausgehöhlten Tomaten mit der Hälfte dieser Mischung füllen und die beiseite gestellten Deckel daraufsetzen. Die Tomaten in die Auflaufform geben und mit Öl beträufeln. Zirka 50 Minuten backen. Dann aus dem Ofen herausnehmen und auf Raumtemperatur abkühlen lassen. Direkt aus der Auflaufform servieren.

RISOTTO CON IL RADICCHIO DI TREVISO

Risotto mit Radicchio

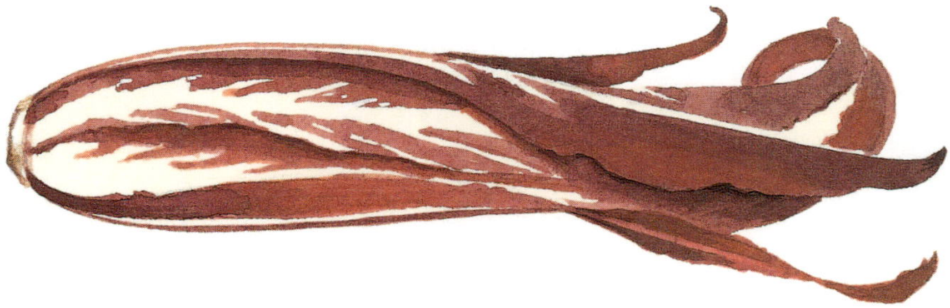

Gegart hat Radicchio einen bitteren Beigeschmack, der jedoch durch den Parmesan geschmacklich abgerundet wird. In Italien betrachtet man die bitteren Salatblätter als Delikatesse.

FÜR 4 PERSONEN

50 g Butter
50 g rohen Schinken oder Schinkenspeck, gewürfelt
1 Zwiebel, fein gehackt
1 Knoblauchzehe, gepresst
1 frisches Salbeiblatt
2 TL frisch gehackter Rosmarin
250 g Radicchio, geputzt und in Streifen geschnitten
1 l klare Fleischbrühe
350 g Vialone Nano (wahlweise Carnaroli oder Arborio)
Salz und schwarzer Pfeffer
50 g frisch geriebener Parmesan

Die Hälfte der Butter in einer Kasserolle erhitzen und den Schinken (oder Schinkenspeck), die Zwiebel, den Knoblauch und die Kräuter 10 Minuten unter ständigem Rühren darin angaren. Den Radicchio hinzufügen und 2 EL Brühe hinzugießen. 10 Minuten vorsichtig weitergaren, dann den Reis einrühren. Dann nach und nach die kochende Brühe einrühren, wobei der Reis die Flüssigkeit erst vollständig aufgenommen haben muss, bevor erneut Brühe zugegossen wird. Unablässig weiterrühren, und wenn der Reis gar, aber noch *all'onda* (siehe Seite 10) ist, mit Salz und Pfeffer abschmecken und mit Parmesan verrühren.

Insalata alla Napoletana

Neapolitanischer Reissalat

Das Tomatendressing passt ebenso gut zu Reis- wie zu Nudelsalat. Dieser sommerliche Reissalat ist der »Renner« in den Monaten Juli und August, wenn es überall vollreife aromatische Tomaten gibt. Mit Wintertomaten lohnt sich das Rezept nicht. Denken Sie daran, die Tomaten drei bis vier Stunden im Voraus unter den Reis mischen.

Für 4 Personen

350 g Carnaroli (wahlweise Arborio oder Vialone Nano)
4 reife Tomaten, gehackt
8 schwarze Oliven, entkernt und halbiert
1 TL frisch gehackter Oregano
Salz und schwarzer Pfeffer
4 EL Olivenöl extra vergine
4 Anchovisfilets, gehackt
250 g frischer Mozzarella, gewürfelt
6 Basilikumblättchen, grob zerpflückt

Den Reis in der doppelten Menge Salzwasser 15 Minuten garen. Das restliche Wasser abgießen und den Reis zum Abkühlen auf einer großen Platte ausstreichen. Danach in eine Salatschüssel geben und mit den Tomaten, den Oliven, Oregano, Salz, Pfeffer und dem Olivenöl mischen. Kurz vor dem Servieren die Anchovisfilets, Mozzarella und Basilikum unterheben.

RISOTTO AL POMODORO

Risotto mit Tomaten

Wenn Sie die Kerne nicht mögen, können Sie die Tomaten durch ein Passiergerät oder ein Sieb drücken. Ich selbst hacke sie nur klein, weil es sich bei diesem Rezept um ein Alltagsessen handelt und meine Familie gegen die Kerne nichts einzuwenden hat!

FÜR 4 PERSONEN

50 g Butter
1 Zwiebel, fein gehackt
400 g italienische Eiertomaten (Konserve), gehackt
Salz und schwarzer Pfeffer
350 g Vialone Nano (wahlweise Carnaroli oder Arborio)
1,2 l klare Fleisch- oder Gemüsebrühe
50 g frisch geriebener Parmesan
4 Basilikumblätter, grob zerkleinert

Die Butter in einer großen Kasserolle erhitzen und die Zwiebel darin glasig dünsten. Die gehackten Tomaten einrühren, Salz und Pfeffer zufügen und 10 bis 15 Minuten weitergaren. Den Reis hineingeben und unter Rühren 5 Minuten garen. Dann nach und nach die kochende Brühe einrühren, wobei der Reis die Flüssigkeit erst vollständig aufgenommen haben muss, bevor erneut Brühe zugegossen wird. Nach 15 bis 20 Minuten, wenn der Reis gar, aber noch bissfest ist und die Brühe aufgesogen hat, den Topf von der Herdplatte nehmen und den Parmesan mit dem Basilikum einrühren. Sofort servieren.

Ris in Cagnoun

Reis mit brauner Butter

Der lombardische Name für dieses Rezept ist eher abschreckend: Die braune Butter hinterlässt winzige Sprenkel auf den weißen Reiskörnern, was an winzige weiße Maden mit schwarzen Augen erinnert, im Dialekt *cagnott* genannt. Wer die Einheimischen nicht versteht, wird diesen köstlichen Reis jedoch beileibe nicht unappetitlich finden, so köstlich ist er! Ich reiche ihn gern als einfache, schnelle Beilage zum Hauptgang.

Für 4 Personen

400 g Carnaroli (wahlweise Vialone Nano oder Arborio)
125 g Butter
1 Knoblauchzehe, mit einem breiten Messer zerdrückt
4 Salbeiblätter
50 g frisch geriebener Parmesan
Salz

Eine große Kasserolle mit leicht gesalzenem Wasser zum Kochen bringen. Den Reis hinzufügen und 10 Minuten bissfest garen. Das Wasser abgießen.

Während der Reis gart, die Butter in einem anderen Kochtopf erhitzen, den Knoblauch und den Salbei hinzufügen. Die Butter bräunen – aber nicht anbrennen lassen. Den Knoblauch herausnehmen. Die Butter und den Parmesan unter den Reis rühren. Mit Salz und Pfeffer abschmecken.

FISCH UND MEERESFRÜCHTE

FISCH UND MEERESFRÜCHTE

Die Römer nannten das Mittelmeer *mare nostrum*, und da Italien wie ein lang gezogener Stiefel ins Meer hinein ragt, ist man dort nirgends sehr weit von der Küste entfernt. Die Italiener lieben Fisch, den sie heute, nachdem sie ihren Bedarf nicht mehr selbst decken können, für viel Geld aus Nordafrika, dem Atlantik und dem Pazifik heranschaffen müssen. Italiener würden Fisch und Meeresfrüchte am liebsten zu jedem Gang essen. Fisch verfeinert jedes Pasta- oder Reisgericht, und wenn man die schimmernden, fangfrischen Fische in den Kisten auf dem Rialto-Markt in Venedig oder an der Porta Nolana in Neapel sieht, muss man einfach zugreifen.

Wenn Sie nicht direkt an der Küste leben, werden Sie den Fisch und die Meeresfrüchte für die folgenden Rezepte nicht immer und überall finden. Dann experimentieren Sie einfach mit anderen Sorten, auch mit Fisch aus der Tiefkühltruhe.

Risotto con Gamberi

Risotto mit Garnelen

Dieser relativ einfache Meeresfrüchterisotto gelingt sehr gut mit geschälten und auch mit tiefgefrorenen Garnelen (Shrimps). Entscheidend ist, dass Sie einen guten Fischfond verwenden.

Für 4 Personen

125 ml trockener Weißwein
1 Lorbeerblatt
Salz und schwarzer Pfeffer
200 g geschälte Garnelen (Shrimps)
2 EL Olivenöl extra vergine
1 kleine Zwiebel, fein gehackt
1 Knoblauchzehe, fein gehackt
350 g Vialone Nano (wahlweise Carnaroli oder Arborio)
1 l gute Fischbrühe
1 EL fein gehackte frische Petersilie

Den Wein und gut 1 Tasse Wasser mit dem Lorbeerblatt und etwas Salz in eine Kasserolle geben und zum Kochen bringen. Die Garnelen hineinwerfen und 5 Minuten kochen. Vorgegarte Garnelen werden nur kurz mit kochendem Wasser überbrüht. Jetzt die Temperatur herunterschalten. Die Brühe abseihen und für den Reis aufbewahren.

Das Olivenöl in einer großen Kasserolle erhitzen. Die Zwiebel und den Knoblauch darin gar dünsten. Den Reis einrühren und nach 5 Minuten 1 Schöpfkelle kochende Brühe einrühren; bevor die nächste Kelle Brühe hinzugefügt wird, muss der Reis die Flüssigkeit vollständig aufgenommen haben. 15 bis 20 Minuten so fortfahren, bis der Reis gar, aber noch bissfest ist. Dann den Kochtopf neben den Herd stellen, um die Petersilie, die Garnelen und etwas schwarzen Pfeffer einzurühren. Zu Risotto mit Fisch oder Meeresfrüchten wird in der Regel kein Käse gereicht.

Riso alla Certosina

Reis mit Gemüse und Meeresfrüchten

Dieses traditionelle Rezept gibt es in vielen Variationen. Das Originalrezept stammt von den Mönchen der Kartause (*certosa*) von Padua in der Poebene, die ihre Ingredenzien auf die religiösen Vorschriften und Fastentage abstimmten. Mit der Zeit wurden die Zugaben von Butter, Fisch- und Froschfleisch so verschwenderisch, dass es dem Abt den Magen umdrehen würde. Wir begnügen uns mit der traditionellen Version.

Für 4 personen

2 EL Olivenöl extra vergine
1 Knoblauchzehe, mit dem Messerrücken zerdrückt
200 g frische Pilze, in Lamellen geschnitten (oder 20 g getrocknete Steinpilze)
200 g geschälte Erbsen
200 ml frische Tomatensauce (siehe Seite 21)
Salz und schwarzer Pfeffer
350 g Langusten oder Süßwassergarnelen, gesäubert und geschält
350 g Carnaroli (wahlweise Vialone Nano oder Arborio)

Das Olivenöl in einer Kasserolle erhitzen und den Knoblauch unter Rühren kurz anschwitzen; sobald er die Farbe verändert, herausnehmen. Die getrockneten Steinpilze gegebenenfalls 10 Minuten in warmem Wasser einweichen. Dann die Pilze, die Erbsen und die Tomatensauce zufügen, umrühren, mit Salz und Pfeffer abschmecken und 5 Minuten köcheln lassen.

700 ml gesalzenes Wasser in einem zweiten Topf zum Kochen bringen und die Meeresfrüchte darin 5 Minuten garen. Mit einem Schaumlöffel herausnehmen, das Wasser abseihen und in den Kochtopf zurückgießen; erneut zum Kochen bringen. Den Reis einrieseln lassen und 10 Minuten bei schwacher Hitze garen. Das Wasser abgießen, den Reis mit den Meeresfrüchten, den Pilzen, den Erbsen und der Tomatensauce vermengen und sofort servieren.

INSALATA DI GAMBERI E RUGHETTA

Reissalat mit Garnelen und Rucola

Dieser durch und durch »römische« Salat ziert Büffet bei Hochzeiten und anderen Festlichkeiten. Die vielen anderen »importierten« Genüsse sind meist mit schweren Mayonnaisen überzogen, deshalb nehme ich immer direkt Kurs auf den erfrischenden Reissalat mit Garnelen und Rucola.

FÜR 4 PERSONEN

3 EL Olivenöl extra vergine
1 Knoblauchzehe
2 cm frische Ingwerwurzel
300 g Garnelen (Shrimps), geschält, entdarmt und gewürzt
1 EL trockener Weißwein
Saft von 2 Zitronen
300 g Arborio (wahlweise Carnaroli oder Vialone Nano)
300 g Rucola, gewaschen und ohne die harten Stiele
Salz und schwarzer Pfeffer

1 EL Öl in einer Kasserolle erhitzen und den geschälten Knoblauch im Ganzen und das Ingwerstückchen einrühren. Die Garnelen hinzufügen, den Wein darübergeben und einige Minuten lang gründlich umrühren. Danach den Kochtopf von der Herdplatte nehmen, die Garnelen in eine Schüssel geben und mit Zitronensaft beträufeln. Den Knoblauch und den Ingwer entfernen.

500 ml leicht gesalzenes Wasser zum Kochen bringen und den Reis 15 bis 20 Minuten langsam garen lassen; bei Bedarf etwas kochendes Wasser nachfüllen. Dann das Wasser abgießen und den Reis auf einer großen Platte verstreichen. Wenn er abgekühlt ist, zusammen mit den Rucolablättern in einer Salatschüssel vermengen, mit Salz und Pfeffer abschmecken. Mit dem restlichen Zitronensaft und Olivenöl anmachen. Die Garnelen darüber verteilen und servieren.

Risotto di Zucchini e Gamberi

Risotto mit Zucchini und Garnelen

In italienischen Spitzenrestaurants ist die Kombination von Zucchini mit Fisch und Meeresfrüchten sehr beliebt. Hier stelle ich Ihnen eine vereinfachte Variante vor. Die Zucchini müssen unbedingt jung und fest sein.

Für 4 Personen

350 g ganze Garnelen (Shrimps), geschält
3 EL Olivenöl extra vergine
200 g junge Zucchini
1 kleine Zwiebel, fein gehackt
350 g Carnaroli (wahlweise Vialone Nano oder Arborio)
1 l klare Fleisch- oder Fischbrühe
Salz und schwarzer Pfeffer
1 EL gehackte frische Petersilie

Falls Sie ganze Garnelen verwenden, den Kopf abtrennen und das Fleisch aus dem Panzer lösen. Ansonsten wird jede Garnele der Länge nach aufgeschnitten und der Darm entfernt. Die Hälfte des Olivenöls erhitzen und die Garnelen kurz anbraten. Dann herausnehmen und beiseite stellen. Die Zucchini längs in vier Streifen schneiden und würfeln. In dieselbe Kasserolle das restliche Öl geben, die gehackte Zwiebel darin glasig dünsten. Die Zucchini einrühren und ein paar Minuten später den Reis hinzufügen. 5 Minuten weiterrühren, nach und nach die kochende Brühe einrühren, wobei der Reis die Flüssigkeit erst vollständig aufgenommen haben muss, bevor erneut Brühe zugegossen wird. 15 bis 20 Minuten so fortfahren, bis der Reis gar und die Brühe aufgebraucht ist. Den Reis von der Herdplatte nehmen, mit Pfeffer und Salz abschmecken; die Garnelen und die Petersilie untermischen.

Risotto agli Scampi

Risotto mit Scampi

Anstatt Scampi können Sie auch Shrimps nehmen. Die Venezianer verwenden die winzig kleinen Lagunenkrebse, und das Resultat können Sie im Restaurant »Fiore« genießen. Falls Sie weder das Eine noch das Andere vorrätig haben, ist das Rezept auf Seite 55 eine Alternative.

Für 4 Personen

350 g ungeschälte rohe Scampi (oder Shrimps)
Salz und schwarzer Pfeffer
2 Knoblauchzehen, geschält
1 Lorbeerblatt
50 g Butter
1 kleine Zwiebel oder Schalotte, fein gehackt
100 ml trockener Weißwein
350 g Vialone Nano (wahlweise Carnaroli oder Arborio)
1 EL frische Tomatensauce (siehe Seite 21)

Die Garnelen oder Shrimps von Kopf und Panzer befreien. Köpfe und Schalen abspülen und für die Brühe in einen Kochtopf mit 1,5 l Wasser, Salz, Knoblauch und Lorbeerblatt gegeben. Zum Kochen bringen und bei schwacher Hitze mindestens eine Stunde sieden lassen. Die Brühe abseihen und für den Risotto bereitstellen.

Den Darm aus den Garnelen entfernen und das Krebsfleisch beiseite stellen. Die Hälfte der Butter in einer großen Kasserolle erhitzen und die Zwiebel (Schalotte) darin glasig dünsten. Den Reis hinzufügen und 5 Minuten rühren, dann mit Wein ablöschen. Nach und nach eine Schöpfkelle Brühe hinzufügen und weiterrühren, bis der Reis keine Flüssigkeit mehr aufnimmt (es wird Brühe übrig bleiben). Nach 10 Minuten die Tomatensauce und die Scampi unterrühren. 5 bis 10 Minuten zusammen mit dem Reis fertig garen. Dann mit Salz und Pfeffer abschmecken und sogleich servieren.

Risotto con Peoici alla Veneta

Venezianischer Muschelrisotto

Dieser Risotto aus Venedig muss *all'onda* sein (siehe Seite 10). Er wurde im 18. Jahrhundert bei offiziellen Empfängen gereicht und gilt als Vorstufe des *Risotto alla Marinara* (siehe Seite 66).

Für 4 Personen

1,5 kg Muscheln mit den Schalen
100 ml trockener Weißwein
1 EL fein gehackte frische Petersilie (die Stiele aufbewahren)
1 l Fisch- oder klare Fleischbrühe
Salz und schwarzer Pfeffer
3 EL Olivenöl extra vergine
50 g Butter
1 kleine Zwiebel, fein gehackt
2 Knoblauchzehen, mit einem breiten Messer zerdrückt
1 getrocknete Chilischote
350 g Vialone Nano (wahlweise Carnaroli oder Arborio)

Die Muscheln unter fließendem Wasser bürsten, den »Bart« entfernen und alle bereits geöffneten oder beschädigten Teile aussortieren. Die Muscheln mit etwas Wasser, Weißwein und den Petersilienstängeln in einen Kochtopf geben, zudecken und garen lassen, bis sich die Muscheln öffnen. Ungeöffnete Muscheln wegwerfen. Die Muscheln in ein Küchensieb geben und einige besonders schöne Muschelhälften mit dem Fleisch zum Dekorieren aufbewahren; den Muschelsud beiseite stellen. Die anderen Muscheln auslösen und falls notwendig in kleine Stücke schneiden. Danach den Muschelsud durch ein mit Baumwollstoff ausgelegtes Küchensieb filtern. Die Brühe erhitzen und den abgefilterten Sud hineingeben. Mit Salz und Pfeffer abschmecken.

Jetzt das Öl und die Hälfte der Butter in einer großen Kasserolle erhitzen. Die Zwiebel, den Knoblauch und die Chilischote hinzufügen und darin anbraten, bis sie ihre Farbe verändern. Die Chilischote und den Knoblauch wegwerfen. Nun den Reis in die Kasserolle geben. Zirka 5 Minuten lang rühren und darauf achten, dass der Reis seine Farbe nicht verändert. Nach und nach die kochende Brühe einrühren, wobei der Reis die Flüssigkeit erst vollständig aufgenommen haben muss, bevor erneut Brühe zugegossen wird. Nach 20 Minuten die Garprobe machen. Der Risotto muss noch etwas flüssig sein und keineswegs zu kompakt. Die gehackte Petersilie, die restliche Butter und das Muschelfleisch hinzufügen, mit schwarzem Pfeffer aus der Mühle bestreuen, mit den aufbewahrten Muscheln garnieren und sofort servieren.

Riso, Patate e Cozze

Reis, Kartoffeln und Muscheln aus dem Ofen

Bei diesem Rezept aus Apulien haben offensichtlich auch spanische Köche mitgemischt. In Bari heißt es *Riso, patate e cozze,* und in Lecce wird es nach seinem Kochgeschirr *tiella* genannt. Es gehört zu den Höhepunkten der italienischen Küche und wurde in der Küche des Hotels »Melograno« in Monopoli zu höchster Vollendung geführt. Das Gericht wird in einer riesigen Form aus Keramik von Tisch zu Tisch getragen und ist so unwiderstehlich, dass man den Nachschlag nicht verweigern kann. Damit die *tiella* warm bleibt, wird sie behutsam in dicke Tücher gehüllt. Aber am schönsten ist es, wenn sie gerade aus dem Ofen kommt und noch eine Weile stehen darf, um ihr Aroma zu entfalten, und den Raum mit ihrem köstlichen Duft erfüllt. Das folgende Rezept habe ich von Dr. Camillo Guerra, dem liebenswürdigen Besitzer des »Melograno«, dem der Ruf des Feinschmeckers vorauseilt.

Für 4 Personen

200 g Arborio (wahlweise Carnaroli oder Vialone Nano)
1,5 kg Muscheln mit den Schalen
4 EL Olivenöl extra vergine
2 mittelgroße rote Zwiebeln, in Scheiben geschnitten
5 große, weich kochende gelbe Kartoffeln, in Scheiben geschnitten
200 g kleine rote Tomaten, geschält (siehe Seite 31) und halbiert
1 EL fein gehackte, frische Petersilie
Salz und schwarzer Pfeffer
100 g geriebener Pecorino
3 geschälte Knoblauchzehen, die zuvor 1 Stunde lang in
4 EL Olivenöl extra vergine eingelegt werden

Den Backofen auf 180 °C (Gasherd Stufe 2–3) vorheizen.

Den Reis in 500 ml kaltem Wasser einweichen. Die Muscheln unter fließendem Wasser bürsten, den »Bart« entfernen; geöffnete oder beschädigte Exemplare aussortieren. Wenn Sie am Meer sind und wirklich fangfrische Muscheln zur Verfügung haben, werden sie wie Austern geöffnet: Das Muschelwasser aufbewahren und wie in Apulien im Rohzustand weiterverarbeiten. Ansonsten müssen die Muscheln in kochendem Wasser ziehen, damit sie sich öffnen. Nicht geöffnete Muscheln wegwerfen. Den Muschelsud durch ein mit Baumwollstoff ausgelegtes Küchensieb geben, um Sandreste herauszufiltern. Dann beiseite stellen. Den Reis abgießen und das Reiswasser ebenfalls aufbewahren.

2 EL Olivenöl extra vergine in eine große feuerfeste Keramikform gießen. Jetzt je eine dünne Lage Zwiebeln und Kartoffeln hineingeben. Fünf bis sechs

Tomatenstückchen darüber verteilen und mit Petersilie, Salz und Pfeffer bestreuen. Obenauf ein paar ganze Muscheln legen, dann eine Hand voll feuchten Reis darüberstreichen und mit etwas geriebenem Pecorino bestreuen. Mit 2 EL des frisch zubereiteten Knoblauch-Olivenöls beträufeln. Dann dieselbe Prozedur wiederholen und mit Kartoffeln, Tomaten und Pecorino abschließen. Die restlichen 2 EL Olivenöl darüber verteilen und dann die Reisflüssigkeit vorsichtig den Rand hinab in die Form gießen, bis die obere Kartoffelschicht im Wasser schwimmt. Falls die Flüssigkeit nicht ausreicht, den Muschelsud verwenden. Dann die Auflaufform auf eine Herdplatte stellen (bei Gas eventuell mit Flammenschutz) und warten, bis die Flüssigkeit kocht. Danach das Ganze in die Backröhre schieben und 40 Minuten fertig backen. Nach 30 Minuten den Flüssigkeitsstand überprüfen, und wenn nötig, noch einmal etwas Reiswasser, Muschelsud oder heißes Wasser vom Rand her einfüllen. Eine Stunde stehen lassen, dann servieren.

Risotto ai Calamari

Risotto mit Tintenfisch

Dieses Gericht gibt es an den Küsten Italiens in vielen Variationen. Anstatt *calamari* (Kalmare) können Sie auch junge *polpi* (Oktopusse) oder *seppioline* (Sepien) verwenden. Käse wird zu Risotto mit Meeresfrüchten normalerweise nicht gereicht.

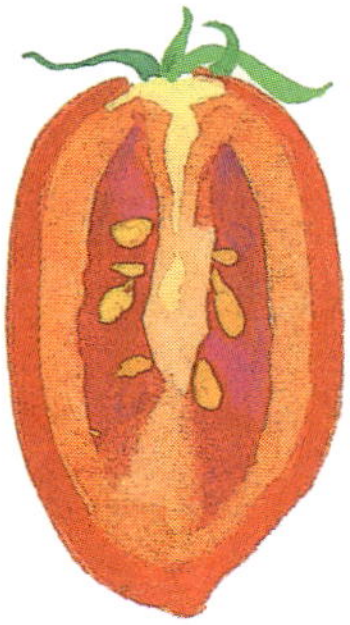

Für 4 Personen

4 EL Olivenöl extra vergine
1 Knoblauchzehe, fein gehackt
1 Zwiebel, fein gehackt
350 g Tintenfisch, gesäubert und in Streifen geschnitten
400 g italienische Eiertomaten, entkernt und gehackt (Dose)
2 TL gehackter frischer Majoran
Salz und schwarzer Pfeffer
350 g Carnaroli (wahlweise Vialone Nano oder Arborio)
1 l Fisch- oder Gemüsebrühe
1 EL fein gehackte frische Petersilie

Die Hälfte des Olivenöls in eine Kasserolle geben und den Knoblauch mit der Hälfte der Zwiebeln darin angaren, bis sie die Farbe verändern. Den Tintenfisch hinzufügen, zudecken und 10 Minuten köcheln lassen. Dann die Tomaten, den Majoran, Salz und Pfeffer einrühren. Erneut zudecken und 10 Minuten weitergaren. In einer anderen Kasserolle das restliche Öl erhitzen, den Rest der Zwiebel darin glasig dünsten und den Reis einrühren. Dann nach und nach die kochende Brühe einrühren. Nach 15 Minuten, kurz bevor der Reis bissfest gegart ist, den Tintenfisch mit der Petersilie einrühren. Noch einige Minuten weitergaren. Dann sofort servieren.

Riso con gli 'Angeli'

Sizilianischer Engelsreis

Gutgläubige Seelen, die sich den sizilianischen Tafelfreuden hingeben, könnten die aufgeklappten Muschelschalen zugegebenermaßen für kleine Engelsflügel halten, vor allem wenn sie ein paar Glas des erfrischenden, prickelnden Weißweins dazu trinken! Das Gericht lässt sich gut im Voraus zubereiten.

Für 4 Personen

500 g Muscheln mit den Schalen
2 EL Olivenöl extra vergine
2 Knoblauchzehen, gehackt
1 kleine getrocknete Chilischote
200 g kleine Tintenfische, gesäubert und in Ringe geschnitten
200 g Garnelen (Shrimps), geschält und ohne Darm
Salz
1 EL trockener Weißwein (kann weggelassen werden)
350 g Carnaroli (wahlweise Vialone Nano oder Arborio)
1 EL frisch gehackte Petersilie

Die Muscheln unter fließendem Wasser abbürsten, den »Bart« entfernen und alle geöffneten oder beschädigten Muscheln aussortieren. Die Muscheln mit etwas Wasser in einen Topf geben, zudecken und zum Kochen bringen. Anschließend die noch nicht geöffneten Muscheln ebenfalls aussortieren. Den Muschelsud durch ein feines, mit Baumwollstoff ausgekleidetes Sieb geben und ebenso wie die gegarten, geöffneten Muscheln beiseite stellen.

Das Olivenöl in einer Bratpfanne erhitzen und darin den Knoblauch bei sanfter Hitze goldgelb garen. Jetzt nacheinander die Chilischote und die Tintenfischringe einrühren. Bei schwacher Hitze garen. Dann die Garnelen hinzufügen und einige Minuten mitgaren lassen. Mit Salz bestreuen und den Weißwein darübergeben. Wenn der Wein verdampft ist, die Temperatur abschalten.

Den Muschelsud je nach Salzgehalt mit entsprechend viel Wasser in eine Kasserolle geben und zum Kochen bringen; falls notwendig, nachsalzen. Den Reis einrieseln lassen und ohne Deckel zirka 20 Minuten langsam *al dente* garen. Dann das Reiswasser abgießen und den Reis mit der Petersilie und den Muscheln verrühren.

Risotto alla Marinara

Risotto mit Fisch und Meeresfrüchten

Diesen Risotto kreierte Fulvio Pierangelini, der in der Toskana das Restaurant »Gambero Rosso« in San Vincenzo betreibt. Hier schmeckt der Fisch »nach Meer« – *sa di mare*, wie man im Italienischen sagt, um die fangfrische Qualität zu loben. Fulvios Rezept enthält alle möglichen Sorten Fisch und Meeresfrüchte. Falls keine Sepien vorrätig sind, werden sie durch die entsprechende Menge an kleinen Kalmaren ersetzt. Und statt der Venusmuscheln können Sie auch Miesmuscheln nehmen.

Für 4 Personen

300 g Muscheln in den Schalen
100 g Venusmuscheln in den Schalen
3 EL Olivenöl extra vergine
1 Zwiebel, fein gehackt
1 Stückchen getrocknete Chilischote
4 kleine Tintenfische *(moscardini)*, gesäubert und in Streifen geschnitten
1 Sepia, gesäubert und in Streifen geschnitten
300 g Carnaroli (wahlweise Vialone Nano oder Arborio)
150 ml trockener Weißwein
1 l Fischbrühe, aus den Garnelenköpfen und -schalen
3 Dosen italienische Eiertomaten
1 EL gehackter frischer Oregano (kann weggelassen werden)
Salz und schwarzer Pfeffer
4 große Garnelen (Shrimps), geschält und ohne Darm
1 EL frisch gehackte Petersilie
Sehr gutes Olivenöl zum Beträufeln (kann weggelassen werden)

Die Muscheln unter fließendem Wasser abbürsten, den »Bart« entfernen und die Venusmuscheln säubern. Alle geöffneten oder beschädigten Muscheln aussortieren. Beide Muschelsorten zusammen in einen Topf mit etwas kochendem Wasser geben und warten, bis sie sich öffnen. Ungeöffnete Muscheln ebenfalls aussortieren. Abkühlen lassen und das Muschelfleisch auslösen.

Das Öl in eine große Kasserolle geben und die Zwiebel, die Chilischote, *moscardini* und Sepia darin 2 Minuten kurz andünsten. Dann den Reis hinzufügen, ständig rühren und nach 5 Minuten den Wein zugeben. Ist der Wein verdampft, nach und nach die kochende Brühe einrühren, wobei der Reis die

Flüssigkeit erst vollständig aufgenommen haben muss, bevor erneut Brühe zugegossen wird. Nach 10 Minuten die Muscheln, die Tomaten und gegebenenfalls den Oregano einrühren. Mit Salz und Pfeffer abschmecken und Brühe nachfüllen, bis der Reis bissfest gegart ist.

Die Garnelen salzen und pfeffern und in einer beschichteten Bratpfanne von jeder Seite 3 Minuten kurz braten. Die Petersilie unter den Risotto rühren, und vor dem Servieren die Garnelen darauf verteilen. Eventuell eine Flasche mit gutem Olivenöl zum Beträufeln dazu reichen.

Risotto al Salmone Affumicato

Risotto mit Räucherlachs

Räucherlachs ist heute ein fester Bestandteil des italienischen Partybüffets. Dieses »neue« Rezept ist ein Renner bei Hobbyköchen, denen der Sinn nach etwas Einfachem und doch Besonderem steht. Das Gericht wird mit Gemüsebrühe zubereitet; Fischfond ist zu dominant.

Für 4 Personen

50 g Butter
100 g Räucherlachs in Scheiben,
in kleine Vierecke geschnitten
2 EL Olivenöl extra vergine
1 kleine Zwiebel, fein gehackt
300 g Vialone Nano (wahlweise Carnaroli oder Arborio)
100 ml trockener Weißwein
1 l Gemüsebrühe
Salz und schwarzer Pfeffer
1 EL fein gehackte frische Petersilie oder Dill

Die Butter zerlassen, den Lachs einrühren und den Topf beiseite stellen. In einer anderen Kasserolle das Öl erhitzen und die Zwiebel darin glasig dünsten. Den Reis hinzufügen und einige Minuten rühren, dann den Wein hinzufügen. Ist der Wein verdampft, nach und nach die kochende Brühe einrühren, wobei der Reis die Flüssigkeit erst vollständig aufgenommen haben muss, bevor erneut Brühe zugegossen wird. Zirka 15 bis 20 Minuten so fortfahren, bis der Reis gar ist. Jetzt die zerlassene Butter und den Räucherlachs unterrühren, mit Salz und Pfeffer abschmecken und mit frischer Petersilie oder Dill garnieren.

RISOTTO ALLE CAPESANTE

Risotto mit Jakobsmuscheln

Dieses »neue« Gericht kommt von der Adriaküste. Falls Ihre Jakobsmuscheln Corail (Rogen) enthalten, lassen Sie ihn intakt, weil sich der Reis sonst orange färbt.

FÜR 4 PERSONEN

4 EL Olivenöl extra vergine
1 Zwiebel, fein gehackt
8 Rucolablätter
100 ml Sahne (Crème double)
8 Jakobsmuscheln
Salz und schwarzer Pfeffer
100 ml trockener Weißwein
350 g Vialone Nano (wahlweise Carnaroli oder Arborio)
1 l Fisch- oder klare Fleischbrühe

Die Hälfte des Olivenöls in eine Kasserolle geben und die halbe Zwiebelmenge darin glasig dünsten. Rucolablätter und Sahne unter ständigem Rühren hinzufügen und alles eindicken lassen. Das Ganze passieren oder pürieren und stehen lassen. Die Muscheln auslösen und säubern. Das weiße Fleisch in Scheiben schneiden; den Corail intakt lassen, mit Salz und Pfeffer bestreuen. Den Weißwein in einem anderen Kochtopf erhitzen, das Muschelfleisch einige Minuten lang darin garen und danach herausnehmen. Muschelfleisch beiseite stellen und den Sud aufbewahren. Das restliche Öl in einer Kasserolle erhitzen und die restliche Zwiebel darin glasig dünsten. Den Reis einrühren und nach 5 Minuten den Muschelsud zufügen. Unablässig weiterrühren, dann die Brühe in kleinen Mengen hineingeben. 15 bis 20 Minuten so fortfahren, bis der Reis gar ist. Zum Schluss die Sahne und das Muschelfleisch unterheben und sofort servieren.

Riso al Salmone

Reis mit Lachs

Lachs ist heute praktisch überall erhältlich, sodass er in allen möglichen Variationen auf den Tisch kommt. In diesem Rezept wird Reis mit Lachs zu einem fein aromatischen Eintopf kombiniert.

Für 4 Personen

300 g Carnaroli (wahlweise Vialone Nano oder Arborio)
2 EL Olivenöl extra vergine
1 Knoblauchzehe, mit einem breiten Messer zerdrückt
200 g Lachs, enthäutet, entgrätet und gewürfelt
100 ml trockener Weißwein
250 ml Gemüse- oder Fischbrühe
1 EL frischer Schnittlauch, gehackt
Salz und schwarzer Pfeffer

Den Reis in eine große Kasserolle mit kochendem gesalzenem Wasser geben und garen (siehe Seite 10). Dann das Wasser abgießen. Das Öl in einen Kochtopf geben, den Knoblauch hinzufügen. Wenn der Knoblauch sich verfärbt, herausnehmen und wegwerfen. Den Lachs hinzufügen und vorsichtig umrühren, dann mit dem Wein ablöschen. Wenn der Wein verdampft ist, mit Brühe auffüllen, alles zum Kochen bringen und zugedeckt 10 Minuten sieden lassen. Dann von der Herdplatte nehmen und den Reis einrühren. Mit Schnittlauch garnieren, mit schwarzem Pfeffer bestreuen und sofort servieren.

RISOTTO ALLA CHIOGGIOTTA

Risotto mit Lagunenfisch

Dieser traditionelle venezianische Fischrisotto wurde nach dem Fischerdorf Chioggia benannt. In Venedig selbst wird er mit einem kleinen grätenreichen Lagunenfisch namens *go* oder *ghiozzi* zubereitet. Zu diesem Risotto wird ausnahmsweise Parmesan gereicht. Aber es wird immer Puristen geben, die das nicht akzeptieren!

FÜR 4 PERSONEN

2 EL Olivenöl extra vergine
80 g Butter
1 kleine Zwiebel, fein gehackt
1 Knoblauchzehe, gehackt
500 g kleine, ganze, magere Fische zum Auskochen
Salz und schwarzer Pfeffer
350 g Vialone Nano Reis (wahlweise Carnaroli oder Arborio)
150 ml trockener Weißwein
1 EL gehackte frische Petersilie
30 g frisch geriebener Parmesan (kann weggelassen werden)

Das Öl und die Hälfte der Butter in einer großen Kasserolle erhitzen, die Zwiebel und den Knoblauch darin gar dünsten. Den Fisch im Ganzen hinzufügen, salzen und pfeffern. 2 Minuten von jeder Seite anbraten. Zirka 250 ml kaltes Wasser darübergießen, zudecken und 15 Minuten köcheln lassen. Den Fisch herausnehmen, enthäuten und die Hauptgräte entfernen, danach passieren (mit etwas Sud, geht es besser). Bis zu diesem Stadium lässt sich das Rezept im Voraus zubereiten. Im Kühlschrank aufbewahren.

Für den Risotto Wasser in eine große Kasserolle geben, zum Kochen bringen und weitersieden lassen. Die restliche Butter in einer anderen Kasserolle erhitzen und etwas Fischpüree hineingeben. Wenn es zu blubbern beginnt, den Reis einrühren und ein paar Minuten später den Weißwein hinzufügen. Verdampfen lassen und unter ständigem Rühren nach und nach das restliche Fischpüree hinzufügen. Wenn der Reis alles aufgesogen hat, eine Kelle kochendes Wasser hinzufügen. Den Vorgang so lange wiederholen, bis der Reis gar ist, aber noch Biss hat. Dann die Kasserolle neben den Herd stellen, den Risotto mit Salz und Pfeffer abschmecken und mit Petersilie bestreuen. Der Parmesan wird getrennt gereicht.

Insalata di Riso ai Frutti di Mare

Reissalat mit Meeresfrüchten

Für diesen sommerlichen Salat können Sie alle möglichen Meeresfrüchte verwenden. Er schmeckt als Vorspeise oder auf dem Partybüffet.

Für 4 Personen

500 g Muscheln in den Schalen
100 ml weißer Weinessig
1 Lorbeerblatt
2 kleine Tintenfische, vorzugsweise Oktopus, gesäubert und in Scheiben geschnitten
200 g ungeschälte Garnelen (Shrimps)
Salz und schwarzer Pfeffer
350 g Carnaroli (wahlweise Vialone Nano oder Arborio)
Saft 1 Zitrone
4 EL Olivenöl extra vergine
1 EL frisch gehackte Petersilie

Die Muscheln unter fließendem Wasser abbürsten, den »Bart« entfernen und bereits geöffnete oder beschädigte Muscheln wegwerfen. Die Muscheln mit etwas Wasser in einen Kochtopf geben und zum Kochen bringen. Alle Muscheln, die sich nicht öffnen, aussortieren. Das Muschelfleisch auslösen und in eine große Salatschüssel geben. Etwas gesalzenes Wasser mit dem Essig und dem Lorbeerblatt zum Kochen bringen. Den Oktopus hineingeben und weitersieden lassen. Dann den Oktopus herausnehmen und zu den Muscheln geben. Die Garnelen im selben Wasser 3 Minuten garen lassen. Herausnehmen und ebenfalls zu den anderen Meeresfrüchten geben. Mit Salz und Pfeffer abschmecken.

700 ml leicht gesalzenes Wasser zum Kochen bringen, den Reis hinzufügen und 15 Minuten köcheln lassen. Wenn nötig, das Wasser abgießen; den Reis auf eine große Platte streichen. Abkühlen lassen, anschließend zu den Meeresfrüchten geben. Zum Schluss mit dem Zitronensaft, dem Olivenöl und der Petersilie vermengen.

RISOTTO NERO CON LE SEPPIE

Schwarzer Tintenfischrisotto

Obwohl diese traditionelle venezianische Spezialität nun auch außerhalb Italiens Furore macht, esse ich sie am liebsten, wenn ich in Venedig bin und mein Lieblingsrestaurant »Da Fiore« in San Polo aufsuche.

FÜR 4 PERSONEN

2 EL Olivenöl extra vergine
1 Knoblauchzehe, fein gehackt
1 kleine Zwiebel, fein gehackt
2 EL fein gehackte frische Petersilie
500 g kleine Tintenfische (Sepien), gesäubert und in Streifen geschnitten (Tintenbeutel intakt lassen)
100 ml trockener Weißwein
300 g Vialone Nano (wahlweise Carnaroli oder Arborio)
1 l klare Fleisch- oder Fischbrühe
Salz und schwarzer Pfeffer

Das Olivenöl in einer großen Kasserolle erhitzen und den Knoblauch und die Zwiebel darin gar dünsten. Die Petersilie und den Tintenfisch einrühren, dann den Weißwein darübergeben. 2 Tintenbeutel öffnen (wenn man sie zwischen zwei Löffeln zerdrückt, geht die Sache sauber vonstatten), den Inhalt hinzufügen und mitgaren lassen. Nach 10 Minuten den Reis einrühren, einen Moment aromatisieren lassen, dann nach und nach die kochende Brühe einrühren, wobei der Reis die Flüssigkeit vollständig aufgenommen haben muss, bevor erneut Brühe zugegossen wird. 15 bis 20 Minuten so fortfahren, bis der Reis *all'onda* ist (siehe Seite 10). Mit Salz und Pfeffer abschmecken und servieren.

RISOTTO AL TONNO

Thunfischrisotto

Dieses einfache Rezept lohnt sich nur mit Thunfisch bester Qualität, vorzugsweise mit Dosenthunfisch in Olivenöl. Der arabische Einfluss auf die sizilianische Küche zeigt sich im häufigen Gebrauch der Minze, die das Gericht noch aromatischer macht.

FÜR 4 PERSONEN

2 EL Olivenöl extra vergine
1 Zwiebel, fein gehackt
1 Knoblauchzehe, fein gehackt
350 g Carnaroli (wahlweise Vialone Nano oder Arborio)
150 g italienische Eiertomaten, gehackt (Konserve)
Salz und schwarzer Pfeffer
1,2 l klare Fleischbrühe
100 g Dosenthunfisch in Öl, abgetropft und zerkleinert
6 Minzeblätter, gehackt

Das Olivenöl in einer großen Kasserolle erhitzen und die Zwiebel mit dem Knoblauch darin gar dünsten. Den Reis einrühren und nach 5 Minuten die Tomaten, das Salz und den Pfeffer hinzufügen. Alles gut verrühren, dann nach und nach die kochende Brühe einrühren, wobei der Reis die Flüssigkeit immer erst vollständig aufgenommen haben muss, bevor erneut Brühe nachgegossen wird. 15 bis 20 Minuten so fortfahren. Der Reis muss gar sein, aber noch Biss haben. Dann den Kochtopf von der Herdplatte nehmen, den Thunfisch und die gehackte Minze einrühren und sofort servieren.

RISO AL TONNO

Reis mit Thunfisch und sonnengetrockneten Tomaten

Wenn Sie Fisch nicht gerne im Ganzen verarbeiten, ist dieses einfache Rezept das Richtige für Sie. Eine gute Art, die abgeschnittenen Reste eines frischen Thunfischsteaks zu verwerten.

FÜR 4 PERSONEN

4 EL Olivenöl extra vergine
2 Knoblauchzehen, gehackt
2 sonnengetrocknete Tomaten in Olivenöl, gehackt
8 schwarze Oliven, entkernt und klein gehackt
1 EL frisch gehackte Petersilie
500 g frischer Thunfisch, in Würfel geschnitten
75 ml trockener Weißwein
Salz und schwarzer Pfeffer
350 g Carnaroli (wahlweise Vialone Nano oder Arborio)
1 Zwiebel, fein gehackt

Die Hälfte des Öls in einer Kasserolle erhitzen und den Knoblauch, die Tomaten- und Olivenstückchen mit der Petersilie einige Minuten lang darin garen. Dann die Thunfischwürfel hinzufügen und 5 Minuten mitgaren. Jetzt den Wein hinzufügen, zudecken und das Ganze beiseite stellen.

700 ml leicht gesalzenes Wasser in einer großen Kasserolle zum Kochen bringen und den Reis darin 15 Minuten garen. In einem anderen Topf das restliche Öl erhitzen und die Zwiebel glasig dünsten. Das Reiswasser abgießen und die Zwiebeln unter den Reis rühren. 4 bis 5 Minuten weitergaren lassen, dann das Thunfischfleisch einrühren. Sofort servieren.

MINESTRA DI RISO E PESCE

Fischtopf mit Reis

In den Abruzzen an der Adriaküste wird diese *minestra* mit Nudeln oder Reis zubereitet. Sie wird entweder als *primo piatto* oder als Hauptgang serviert. Dann empfiehlt es sich, die Fischmenge entsprechend zu erhöhen und ein paar schöne Filets aufzubewahren. Man legt sie auf den Boden der Terrine und gießt dann die Flüssigkeit darüber.

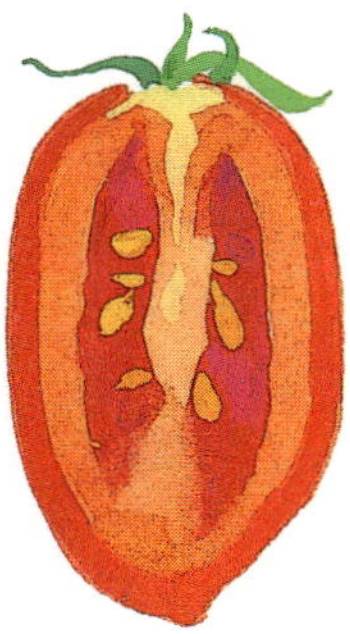

FÜR 4 PERSONEN

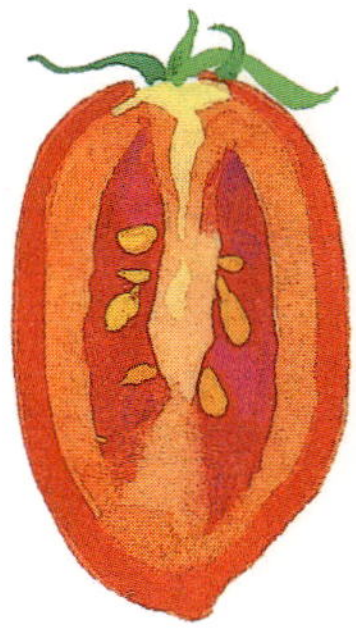

4 EL Olivenöl extra vergine
2 Knoblauchzehen, fein gehackt
$\frac{1}{2}$ getrocknete Chilischote, zerkrümelt
450 g italienische Eiertomaten, entkernt und gehackt (Konserve)
1 ganzen weißen Fisch, zirka 800 g, gesäubert und entschuppt, oder 4 Fischfilets
1 EL fein gehackte frische Petersilie
100 ml trockener Weißwein
250 g Carnaroli (wahlweise Vialone Nano oder Arborio)
Salz und schwarzer Pfeffer
1 Hand voll Rucola, gehackt

Das Öl in einer großen Kasserolle erhitzen und den Knoblauch einrühren. Sobald er sich verfärbt, die Chilischote und die gehackten Tomaten hinzufügen. 5 Minuten mitgaren lassen. Jetzt den Fisch, die Petersilie, den Wein und 500 ml Wasser hineingeben. Mit etwas Salz bestreuen, das Ganze zum Kochen bringen und den Fisch im Ganzen zugedeckt 30 Minuten poschieren (Fischfilet nur 15 Minuten). Danach den Fisch vorsichtig herausnehmen, ohne dass er zerfällt. Den ganzen Fisch enthäuten und filetieren; die Filets in zirka 4 cm dicke Stücke schneiden und warm stellen.

Den Fischsud erneut zum Kochen bringen und den Reis hineinschütten. 15 bis 20 Minuten köcheln lassen, und bei Bedarf etwas kochendes Wasser hinzufügen. Der Reis muss gar, aber noch sehr flüssig sein, denn eine *minestra* wird gelöffelt. Mit Salz und Pfeffer abschmecken. Etwas kochende Flüssigkeit über den Fisch geben, dann mit einer Schaumkelle die Hälfte der Fischstückchen portionsweise auf Esstellern anrichten. Nacheinander den Reis und die Tomatensuppe, etwas Rucola und den restlichen Fisch mit einem Löffel darüber verteilen.

Riso con Pesce Persico

Reis mit gebratenen Fischfilets

Am Comer See wird das Rezept mit Süßwasserbarsch zubereitet.
Aber auch jeder andere Süß- oder Salzwasserfisch ist geeignet.

Für 4 Personen

150 g Butter
400 g Carnaroli (wahlweise Vialone Nano oder Arborio)
100 ml trockener Weißwein
700 ml klare Fleischbrühe
1 ganze Zwiebel, geschält
300 g Fischfilet
Weizenmehl zum Bestäuben
Salz
1 Ei, verquirlt
2 Salbeiblätter

50 g Butter in einer großen Kasserolle erhitzen und den Reis 5 Minuten lang darin verrühren. Dann den Wein hinzufügen und weiter rühren, bis er verdampft ist; jetzt die Brühe und die ganze Zwiebel hineingeben. Zudecken und 15 Minuten sanft köcheln lassen.

Die Fischfilets mit Mehl bestäuben, salzen und pfeffern, in Ei wenden und in der Hälfte der restlichen Butter in der Pfanne braten. Danach den Fisch umwenden, den Salbei hinzufügen und die andere Seite ebenfalls garen.

Die Zwiebel aus dem Reis entfernen und mehrere Male mit den Gabelzinken durch den Reis fahren, damit er nicht zusammenpappt. Vor dem Servieren den gebratenen Fisch darüber verteilen.

FLEISCH UND GEFLÜGEL

FLEISCH UND GEFLÜGEL

Fleisch spielt in der italienischen Küche keine überragende Rolle, weil Italien wie die meisten Mittelmeerländer aufgrund der klimatischen Gegebenheiten nicht mit saftigen Weiden gesegnet ist. In früheren Zeiten, als in Italien noch relative Armut herrschte, war Fleisch ein Luxus, den sich die kleinen Leute nicht oft leisten konnten. Deshalb ließen sie ihrer Fantasie freien Lauf, um aus ihrem Festtagsbraten mehrere Mahlzeiten herauszuholen. Das führte dazu, dass italienische Fleischrisotti, die nur zu besonderen Anlässen und Festlichkeiten zubereitet wurden, oft sehr arbeits- und zeitaufwändig waren. Viele Familien hielten sich ein Hausschwein, das mit Küchenabfällen gefüttert wurde, damit sie am Ende ihren Reistopf mit Schweinefleisch, Würsten und Schinken deftiger machen konnten. Diese Tradition hat sich bis heute gehalten.

Auch die Hühnerhaltung war gang und gäbe, und bis heute werden Hofhühner für den Familientisch herangezogen. Perlhühner, Enten und Täubchen sind dagegen etwas für große Anlässe.

Risotto alla Pitocca

Hühnerrisotto nach lombardischer Art

Diese norditalienische Spezialität kommt aus Brescia. *Pitocca* bedeutet so viel wie »nicht üppig«; also bitte alles sichtbare Fett vom Huhn entfernen. Besser ist es, Hühnerklein zu verwenden, weil die Knochen den Risotto aromatischer machen.

Für 4 Personen

1 kleines Huhn, mit Knochen
1 kleine Zwiebel, 1 Möhre und 1 Stange Sellerie, grob geschnitten
Salz und schwarzer Pfeffer
3 EL Olivenöl extra vergine
1 Zwiebel, in dünne Scheiben geschnitten
3 EL Weißwein
350 g Carnaroli (wahlweise Vialone Nano oder Arborio)
30 g frisch geriebener Parmesan

Die Hühnerstücke zuschneiden, Hühnerbrust und Hühnerbeine beiseite legen. Die anderen Stücke sind für die Brühe bestimmt; das Fett abschneiden und die so vorbereiteten Stücke in einen Suppentopf geben; ebenso das grob zerkleinerte Gemüse (Zwiebel, Möhre und Sellerie). Salz und Pfeffer zufügen, mit Wasser bedecken, zum Kochen bringen und mindestens 1 Stunde köcheln lassen.

Die Hühnerbrust und die Hühnerbeine klein hacken. Das Öl in einer Kasserolle erhitzen, die Zwiebelscheiben darin glasig dünsten, die Hühnerstücke hinzufügen und bräunen lassen. Mit Salz und Pfeffer bestreuen und mit dem Wein ablöschen. Wenn die Hühnerteile gar sind, herausnehmen und das Fleisch vom Knochen lösen; danach in die Kasserolle zurückgeben und den Reis einrühren. 4 Minuten gründlich weiter rühren, dann nach und nach die abgeseihte, kochende Hühnerbrühe einrühren, wobei der Reis die Brühe ganz aufgenommen haben muss, bevor Flüssigkeit nachgegossen wird. Zirka 20 Minuten so fortfahren, bis der Reis gar ist, aber noch Biss hat. Sofort servieren. Auf Wunsch wird Parmesan dazu gereicht.

ZUPPA DI POLLO CON RISO

Hühnersuppe mit Reis

Nach dem Trubel, der auf dem Markusplatz herrscht, wirkt das jüdische Ghetto von Venedig wie ein friedlicher Hafen. Dort liegen die mutmaßlichen Ursprünge dieser einfachen Suppe. Sie ist bekömmlich, wärmend und schmackhaft und wird seit vielen Generationen von venezianischen Hausfrauen für die ganze Familie gekocht.

FÜR 4 PERSONEN

30 g Butter
2 EL Olivenöl extra vergine
1 Zwiebel, fein gehackt
1 EL frisch gehackte Petersilie
1 Salbeiblatt, gehackt
200 g Hühnerbrust, in Würfel geschnitten
1 l klare Fleischbrühe (Hühnerbrühe)
1 EL frische Tomatensauce (siehe Seite 21)
Salz und schwarzer Pfeffer
200 g Vialone Nano (wahlweise Carnaroli oder Arborio)
50 g frisch geriebener Parmesan (kann weggelassen werden)

Die Hälfte der Butter und das Olivenöl in einer großen Kasserolle erhitzen und die fein gehackte Zwiebel mit den Kräutern darin andünsten. Das Hühnerfleisch einrühren, einige Minuten mitgaren, dann die Fleischbrühe, die Tomatensauce, Salz und Pfeffer hinzufügen. Die restliche Brühe darübergießen, das Ganze zum Kochen bringen und den Reis einrieseln lassen. 15 Minuten köcheln lassen. Die restliche Butter und 1 EL Parmesan unterrühren. Mit Salz und Pfeffer abschmecken. Den restlichen Parmesan dazu reichen.

RISOTTO ALLA SBIRRAGLIA

Risotto mit Huhn und Kalbfleisch

Nachdem Venetien an die Habsburger gefallen war, machte dieses typische Gericht aus dem Treviso unter den Österreichern Furore, woraufhin ihm die Einheimischen den Spottnamen »Risotto der Polizeispitzel« verpassten. Dieses Gericht muss *all'onda* sein.

FÜR 4 PERSONEN

1 kleines Huhn
2 Möhren, 2 Selleriestangen und 2 Zwiebeln, fein geschnitten
Salz und schwarzer Pfeffer
50 g Butter
100 g Kalbfleisch, in Würfel geschnitten
2 EL Weißwein
2 TL frischer Thymian
300 g Vialone Nano
(wahlweise Carnaroli oder Arborio)
30 g frisch geriebener Parmesan
(kann weggelassen werden)

Das Huhn vorbereiten: Brust und Beine vom Rumpf abtrennen, das Fleisch filetieren und in Würfel schneiden. Das Gerippe in einen Suppentopf gegeben, dann jeweils die halbe Menge Möhren, Sellerie, Zwiebeln, Salz und Pfeffer zufügen. Mit kaltem Wasser bedecken, zum Kochen bringen und mindestens 1 Stunde köcheln lassen.

Die Butter in einer großen Kasserolle erhitzen, die Fleischwürfel von Huhn und Kalb einrühren. Mit Salz und Pfeffer würzen, mit dem Wein ablöschen und zugedeckt 15 Minuten bei schwacher Hitze garen. Dann die restlichen Möhren, Sellerie, Zwiebel und Thymian hinzufügen. 5 Minuten mitgaren lassen. Den Reis einrieseln lassen, gut umrühren und nach und nach die abgeseihte, kochende Hühnerbrühe einrühren, wobei der Reis die Flüssigkeit vollständig aufgenommen haben muss, bevor nachgegossen wird. So fortfahren, bis der Reis gar ist. Sofort servieren und den Parmesan getrennt dazu reichen.

Risotto con Tacchina

Truthahnrisotto

In der lombardischen Küche gibt es verschiedene Reiseintöpfe, die eine komplette Mahlzeit abgeben, und Truthahnrisotto gefällt der ganzen Familie. Falls Sie die Reste des Weihnachtsbratens verwerten, wird aus den Knochen, einem Teil des dunklen Fleischs und Gemüse eine kräftige Brühe gekocht. Anschließend abseihen und das ausgekochte Fleisch wegwerfen. Das restliche Fleisch des Vogels wird, hell und dunkel gemischt, in Scheiben geschnitten und aufgewärmt zum Risotto gereicht.

Für 4 Personen

500 g rohes Truthahnfleisch, in mundgerechte Stücke geschnitten
(oder 1 Keule und etwas Brustfleisch)
1 Möhre, 1 Stange Sellerie und 1 Zwiebel,
in dicke Stücke geschnitten
100 ml trockener Weißwein
3 Gewürznelken
1 Lorbeerblatt
Salz und schwarzer Pfeffer
30 g Butter
1 Zwiebel, fein gehackt
350 g Carnaroli (wahlweise Vialone Nano oder Arborio)
50 g frisch geriebener Parmesan

2 l Wasser in einer großen Kasserolle erhitzen und nacheinander das rohe Putenfleisch, das grob zerkleinerte Gemüse, den Weißwein, die Gewürznelken, das Lorbeerblatt, Salz und Pfeffer hinzufügen. Zum Kochen bringen und mindestens 1 Stunde bei schwacher Hitze köcheln lassen. Wenn das Fleisch gar ist, mit einem Schaumlöffel herausnehmen, in eine Terrine legen und mit der Brühe bedecken. Mit einem Deckel verschließen und stehen lassen. Die restliche Brühe abseihen. Dies alles können Sie im Voraus erledigen.

Die Hälfte der Butter in einer großen Kasserolle erhitzen und die fein gehackte Zwiebel glasig dünsten. Den Reis unter ständigem Rühren hinzufügen, dann nach und nach die kochende Brühe einrühren, wobei der Reis die Flüssigkeit vollständig aufgenommen haben muss, bevor Brühe nachgegossen wird. 15 bis 20 Minuten so fortfahren, bis der Reis gar, aber noch bissfest ist. In der Zwischenzeit in einer anderen Kasserolle das Truthahnfleisch vorsichtig aufwärmen. Den Parmesan, die restliche Butter und schwarzen Pfeffer unter den Reis mischen. Auf einer Platte anrichten und das Fleisch oben auf den Reis legen.

RISOTTO ALL'ANATRA SELVATICA

Risotto mit Wildente

Wildenten gibt es in der Emilia-Romagna, im Veneto und in der Poebene, und jede Region hat ihre eigene Methode, aus diesen etwas knochigen Vögeln das Beste herauszuholen. Einmal musste die »Locanda Cipriani« auf der Insel Torcello den Winter über geöffnet bleiben, weil Ernest Hemingway, der dort an einem Buch arbeitete, zwischendurch auf Entenjagd gehen wollte. Hoffen wir, dass sie ihm oft Risotto serviert haben! Für das folgende Rezept ist auch anderes Federwild geeignet.

FÜR 4 PERSONEN

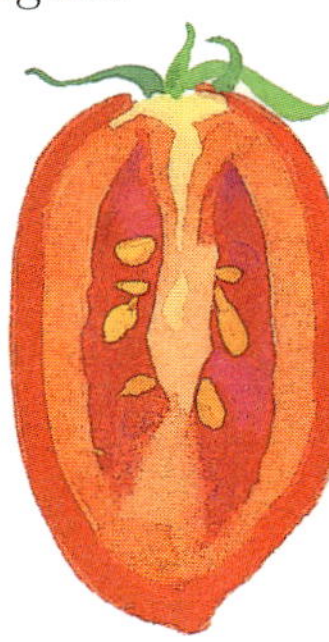

4 EL Olivenöl extra vergine
1 Knoblauchzehe, fein gepresst
1 kg Ente, in Stücke geschnitten
3 Salbeiblätter
Salz und schwarzer Pfeffer
100 ml trockener Weißwein
200 g Tomaten, enthäutet, entkernt (siehe Seite 31) und in Viertel geschnitten
40 g Butter
1 Zwiebel, fein gehackt
350 g Vialone Nano (wahlweise Carnaroli oder Arborio)
1 l gehaltvolle Fleischbrühe
50 g frisch geriebener Parmesan

2 EL Olivenöl in einer großen Kasserolle erhitzen und den Knoblauch, das Entenfleisch, die Salbeiblätter, Salz und Pfeffer einrühren. Die Fleischstücke rundherum bräunen, dann den Wein hinzufügen und warten, bis die Flüssigkeit fast verdampft ist. Jetzt die Tomaten einrühren, zudecken und 30 Minuten köcheln lassen. Wenn nötig, heißes Wasser nachfüllen.

In der Zwischenzeit die Hälfte der Butter und das restliche Olivenöl in einer anderen Kasserolle erhitzen. Die Zwiebel glasig dünsten, den Reis einrieseln lassen und 5 Minuten lang alles gut umrühren. Dann nach und nach die kochende Brühe einrühren, wobei der Reis die Flüssigkeit vollständig aufgenommen haben muss, bevor erneut Brühe zugegossen wird. 10 Minuten so fortfahren, dann etwas Entenfleisch hinzufügen und mit dem aromatischen Bratensaft begießen. Wenn der Reis gar ist, den Parmesan und die restliche Butter einrühren. Das restliche Entenfleisch wird am Tisch portionsweise über den Risotto gegeben.

Riso in Brodo con la Salsiccia

Suppe mit Reis und Wurst

Diese extrem einfache *minestra* aus Norditalien wärmt den Körper in den kalten Wintermonaten von innen heraus. Das Wichtigste ist die Güte der Wurst. Am besten eignet sich die fettarme, aber sehr aromatische Sorte *luganega*, die so rot ist, weil sie mit Rotwein hergestellt wird. Die dünnen, langen Würste werden in Segmente abgeteilt und in der Kette verkauft.

Für 4 Personen

Ca. 1,2 l klare Fleischbrühe
oder 1 l Brühe, mit 200 ml trockenem Weißwein gemischt
200 g fettarme italienische Wurst *(luganega)*
200 g Carnaroli (wahlweise Vialone Nano oder Arborio)
4 EL frisch geriebener Parmesan
Salz und schwarzer Pfeffer
1 EL fein gehackte frische Petersilie (kann weggelassen werden)

Die klare Brühe, pur oder mit Weißwein versetzt, in eine Kasserolle gießen und zum Kochen bringen. Die Wurst auf ein Schneidbrett legen, enthäuten und mit den Zinken einer Gabel zerdrücken. Diese Masse in einen anderen großen Kochtopf geben, die Hälfte der Brühe hinzufügen, alles zum Kochen bringen und dabei umrühren, um Klumpen zu vermeiden. Nach und nach unter weiterem Rühren den Reis hinzufügen. Danach zugedeckt zirka 25 Minuten köcheln lassen; wenn nötig, Brühe nachgießen. Die *minestra* muss schön dick, aber noch suppig sein. Von der Herdplatte nehmen, den Parmesan einrühren, mit Salz und Pfeffer abschmecken und servieren.

Wenn Sie wollen, mit Petersilie bestreuen. Das ist zwar nicht traditionsgerecht, sieht aber schöner aus.

Panissa

Risotto mit Bohnen, Wurst und Speck

Vercelli im Nordwesten ist das Hauptanbaugebiet für italienischen Reis. Die weitläufig überfluteten Reisfelder glitzern in der Landschaft, deren Stille nur das eindringliche Quaken der Frösche zerreißt. *Panissa* ist ein Gericht der lokalen Küche von Vercelli, das mit *Paniscia* aus dem Nachbardorf Novara Ähnlichkeit hat und sowohl im einladenden »Il Paiolo« in Vercelli als auch in der Osteria »Cascina dei Fiori« in Borgo Vercelli auf der Speisekarte steht. Traditionsgemäß wird dafür *salame d'la duja* (in Schmalz eingelegte Schweinefleischsalami) verwendet. Ersatzweise ist eine Frischwurst zu empfehlen, keine harte, reife Salami.

Für 4 Personen

150 g getrocknete Borlottibohnen
100 g durchwachsener Speck
30 g Butter
2 Zwiebeln, fein gehackt
50 g frische weiche Salami oder eine andere italienische Kochwurst, in Scheiben geschnitten und zerdrückt
350 g Carnaroli (wahlweise Vialone Nano oder Arborio)
100 ml Barbera oder ein anderer trockener Rotwein
Schwarzer Pfeffer
1,5 l gehaltvolle Fleischbrühe

Die Bohnen mit reichlich kaltem Wasser bedecken und mindestens 12 Stunden einweichen. Die Speckschwarte abschneiden und mit den Bohnen in 500 ml Wasser garen. Nach zirka 1 Stunde sind die Bohnen weich. Den Speck in kleine Würfel schneiden. Die Butter in einer großen Kasserolle erhitzen, dann die Zwiebeln, die Bohnen und die Wurst hineingeben. Wenn die Zwiebeln schön glasig sind, den Reis einrühren und 5 Minuten später den Wein hinzufügen. Köcheln lassen, bis der Wein verdampft ist, dann mit etwas Pfeffer bestreuen und 500 ml Brühe hinzufügen. 15 bis 20 Minuten unter Umrühren garen lassen, bei Bedarf Brühe nachfüllen, damit der Reis nicht austrocknet. Der Risotto ist gar, wenn er die Flüssigkeit aufgesogen hat, aber noch feucht ist.

Risotto alla Pilòta

Risotto der Reisspelzer

Die Männer, die den Reis spelzten, hießen *pilarini* oder *pilòti*, und ihnen oblag auch die Zubereitung der Reisgerichte für die Reisarbeiterinnen und -arbeiter. Sie mussten nahrhaft und gut sein. Heute gibt es Maschinen, die das Spelzen übernehmen, aber der Name und die Tradition haben überdauert. Es gibt noch einige Rezepte aus dieser Zeit: Hier ist ein Alltagsgericht aus Mantua, und auf Seite 91 finden Sie den *Riso col puntel*, das Festessen zum Erntedank. Der Unterschied besteht in der Konsistenz; der Reis wird nicht flüssig, sondern trocken und körnig wie für Pilaw gegart.

Für 4 Personen

50 g Butter
1 Zwiebel, fein gehackt
300 g mageres Schweinefleisch, in Würfel geschnitten
Salz und schwarzer Pfeffer
350 g Vialone Nano (wahlweise Carnaroli oder Arborio)
50 g frisch geriebener Parmesan

Die Hälfte der Butter in eine große Kasserolle geben und die Zwiebel darin dünsten, bis sie sich verfärbt. Die Fleischwürfel bräunen, salzen und pfeffern und etwas Wasser hinzufügen. Zudecken und das Fleisch fertig garen. Dann warm stellen und den Reis kochen.

Nach alter Tradition wird *pilòta* aus gleichen Teilen Reis und Wasser sowie einer zusätzlichen Tasse Wasser für den Topf gekocht. So weit so gut. Aber jetzt wird's kompliziert: Das Wasser zum Kochen bringen und den Reis durch einen Trichter in die Topfmitte einrieseln lassen, so dass eine Pyramide entsteht, deren Spitze aus dem Wasser ragt. Dann den Topf schwenken, damit der Berg zusammenfällt, und Salz zufügen.

Auch wenn Sie mich der Ketzerei bezichtigen: Ich erspare mir den Hokus-Pokus mit der Pyramide, und die Sache klappt trotzdem! Den Reis zudecken und 10 Minuten bei ziemlich hoher Hitze köcheln lassen. Dann den Deckel abnehmen und ein Geschirrtuch darüberlegen, den Deckel wieder draufsetzen und den Reis 10 Minuten ausquellen lassen. Zum Schluss den Parmesan, die restliche Butter und das Fleisch daruntermischen.

Risotto con Pancetta e Cipolle

Risotto mit Räucherspeck und Zwiebeln

Wenn sich Mantua an den Herbstabenden wegen der
Nähe zum See in kühle Dunstschleier hüllt,
ist dieser Risotto eine Wohltat!

Für 4 Personen

30 g Butter
100 g Speck, in Würfel geschnitten
1 große Zwiebel, gehackt
350 g Vialone Nano (wahlweise Carnaroli oder Arborio)
150 ml körperreicher trockener Rotwein
1 l gehaltvolle Fleischbrühe
50 g frisch geriebener Parmesan
Schwarzer Pfeffer

Die Butter in einer großen Kasserolle zerlassen, die Speckwürfel und die Zwiebeln darin sanft angaren. Wenn sich die Zwiebelstückchen verfärben, den Reis hinzufügen, 5 Minuten umrühren und den Wein darübergeben. Verdampfen lassen und dann nach und nach die kochende Brühe einrühren, wobei der Reis die Flüssigkeit vollständig aufgenommen haben muss, bevor erneut Brühe zugegossen wird. 15 bis 20 Minuten so fortfahren. Wenn der Reis gar, aber noch bissfest ist, den Topf von der Herdplatte nehmen, den Parmesan und schwarzen Pfeffer aus der Mühle unter den Reis rühren. Sofort servieren.

Riso alla Genovese

Reis mit Genueser Sauce

Man würde es nicht vermuten, aber die Ursprünge dieser Sauce liegen in Neapel. In Genua selbst ist sie unbekannt. Wahrscheinlich kam sie im 15. Jahrhundert nach Neapel, als sich dort Kaufleute aus Genua ansiedelten. Während die Sauce in die traditionelle neapolitanische Küche einging, geriet sie in Genua in Vergessenheit. Übrigens scheint sie in der französischen Küche ebenfalls nicht unbekannt zu sein. Genueser Sauce wird zu Pasta und Reis gereicht, lässt sich aber auch zu einem eigenständigen Gericht erweitern. In ärmeren Zeiten wurde das Fleisch für den folgenden Tag aufgehoben. Ich ziehe es vor, einige Scheiben Fleisch zu Reis oder Pasta mit Genueser Sauce zu reichen. Ansonsten kann man das Fleisch mit anderen Zutaten nach sizilianischer Art im Backofen zubereiten (*Tummàla*, siehe Seite 126).

Für 4 Personen

Genueser Sauce
4 EL Olivenöl extra vergine
1 Möhre, fein geschnitten
1 Stange Sellerie, fein geschnitten
100 g roher Schinken oder Räucherspeck, fein geschnitten
1 kg mageres Rindfleisch aus der Oberschale, in Form gebunden
2 kg Zwiebeln, in feine Streifen geschnitten
Salz und schwarzer Pfeffer

500 g Carnaroli (wahlweise Vialone Nano oder Arborio)
100 g frisch geriebener Parmesan
Salz und schwarzer Pfeffer

Für die Genueser Sauce braucht man 2 Stunden, aber sie lässt sich auch gut im Voraus zubereiten. Das Olivenöl in einer Bratpfanne erhitzen und die klein geschnittenen Möhren, Stangensellerie und Schinken oder Räucherspeck darin gar dünsten. Das Rindfleisch hinzufügen, gut mit dem Öl und dem Gemüse mischen und bräunen lassen. Dann alles in einen Schmortopf umfüllen, der so groß sein muss, dass das Fleisch mit der gesamten Zwiebelmenge hineinpasst. Salzen und pfeffern, etwas Wasser hinzufügen, zudecken und das Ganze zum Kochen bringen. Dann auf eine niedrige Temperaturstufe herunterschalten und immer nur so viel Wasser nachgießen, dass das Fleisch nicht austrocknet. Im Italienischen heißt dieser Arbeitsschritt *tirata*, weil dem Fleisch dabei die Aromastoffe »entzogen« werden. Hin und wieder mit einem Kochlöffel den

Bratensatz vom Boden kratzen und mit der Flüssigkeit verrühren. Nach zirka 2 Stunden hat die Sauce eine schöne kastanienbraune Farbe. Jetzt wird der Topf beiseite gestellt, damit das Fleisch in der Sauce abkühlen kann. Wenn Sie so weit sind, die Genueser Sauce in den Reis zu geben, wird das Fleisch herausgenommen und in Scheiben geschnitten.

1 l Wasser mit etwas Salz zum Kochen bringen, den Reis hinzufügen und 10 Minuten köcheln lassen. Dann das Wasser abgießen und die aufgewärmte Genueser Sauce löffelweise unter den Reis rühren. Wenn der Reis gar ist, den Kochtopf von der Herdplatte nehmen, mit dem Parmesan vermischen, das Ganze mit Salz und Pfeffer abschmecken. Mit dem aufgeschnittenen Fleisch servieren und die restliche Sauce getrennt dazu reichen.

Riso col Puntel

Reis mit Schweinekoteletts

Jetzt folgt der *Risotto alla pilòta* (siehe Seite 87) im Festgewand. Früher, als er in großen Mengen für das Heer der Arbeitskräfte zubereitet wurde, wurde er zu einem Kranz geformt.

Für 4 Personen

350 g Vialone Nano (wahlweise Carnaroli oder Arborio)
50 g Butter
1 Zwiebel, fein gehackt
4 Schweinekoteletts
50 g frisch geriebener Parmesan
Salz und schwarzer Pfeffer

Den *Reis alla pilòta* (siehe Seite 87) zubereiten. Die Butter zerlassen und die Zwiebel darin garen, bis sie sich verfärbt. Die Schweinekoteletts in der Pfanne oder auf dem Grill garen. Wenn der Reis gar ist, die Zwiebel und den Parmesan einrühren, mit Salz und Pfeffer abschmecken. Den Reis auf einer Servierplatte zu einem Berg türmen und die Koteletts ringsherum so anlegen, dass die fleischige Seite wie ein Henkel oder *puntel* von der Krone absteht.

Riso in Tortiera

Kalabrischer Reisauflauf

Dieses Rezept kann praktischerweise im Voraus zubereitet werden. Es wird dann im letzten Moment, kurz bevor die Gäste eintreffen, in den Backofen geschoben. Über die Ursprünge bin ich mir nicht im Klaren, ich vermute allerdings, dass es sich um ein typisches Karnevalsgericht handelt, weil ja vor Fastenbeginn die Eiervorräte aufgebraucht werden mussten.

Für 4 Personen

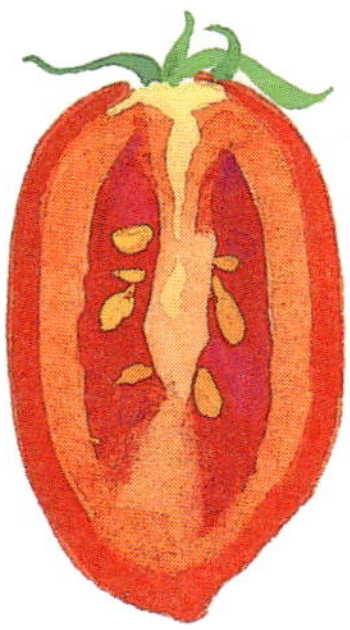

2 EL Olivenöl extra vergine
1 Zwiebel, fein gehackt
250 g mageres Rindfleisch
100 ml trockener Rotwein
6 Basilikumblätter, grob zerpflückt
500 g italienische Eiertomaten (Konserve)
2 EL frische Tomatensauce (siehe Seite 21)
1 Ei, verquirlt
4 EL frische Semmelbrösel
Öl zum Ausbacken
500 g Carnaroli (wahlweise Vialone Nano oder Arborio)
3 hart gekochte Eier, in Scheiben geschnitten (können weggelassen werden)
200 g Mozzarella, in Scheiben geschnitten
100 g frisch geriebener Pecorino
Salz und schwarzer Pfeffer

Den Backofen auf 200 °C (Gasherd Stufe 3) vorheizen.

Das Öl in eine große Kasserolle geben und die Zwiebel darin glasig dünsten. Das Fleisch hinzufügen und ringsherum anbräunen, dann den Wein darübergießen. Den Wein einköcheln lassen und das Basilikum, die Tomaten und die Tomatensauce hinzufügen. Die Tomaten mit dem Kochlöffel zu *ragù* zerdrücken. Etwas heißes Wasser darübergießen, zum Kochen bringen, zudecken und köcheln lassen, bis das Fleisch gar ist.

Jetzt das Fleisch herausnehmen und die Sauce stehen lassen. Das Fleisch zur Hälfte in große Stücke schneiden. Den Rest mit dem verquirlten Ei und 1 EL Semmelbröseln in die Schüssel der Küchenmaschine geben und hachieren. Aus dem Hack haselnussgroße Kugeln formen, die in heißem Öl knusprig ausgebacken werden. Zum Abtropfen auf Küchenkrepp legen und liegen lassen.

Unterdessen eine große Kasserolle mit leicht gesalzenem Wasser zum Kochen bringen. Den Reis einrieseln lassen, und wenn er gar bzw. bissfest ist, durch ein Sieb geben und mit drei Viertel der Tomatensauce *(ragù)* verrühren. Eine feuerfeste Form dünn mit Öl bestreichen und die Hälfte der restlichen Semmelbrösel darüberstreuen. Dann die halbe Reismenge darüberstreichen und mit je der halben Menge Fleischkugeln und dicken Fleischwürfel, gegebenenfalls der hart gekochten Eier, des Mozzarella, des restlichen *ragù* und des Pecorino sowie Salz und Pfeffer bedecken. Dann die Prozedur wiederholen und mit einer Schicht Pecorino abschließen. Mit den restlichen Semmelbröseln bestreuen und das Ganze 15 Minuten knusprig und goldgelb überbacken.

RISOTTO ALLA MILANESE

Risotto nach Mailänder Art

Safran ist in der Lombardei kein typisches Küchengewürz, deshalb ranken sich um diesen Risotto-Klassiker zahlreiche Legenden. Die Adelsfamilie der Sforza, für ihre prunkvollen Festgelage berühmt, pflegte die Speisen mit Blattgold verzieren zu lassen, und es ist anzunehmen, dass damals viele andere »goldene« Speisen als Zeichen des Wohlstands kreiert wurden. Es wird weiter erzählt, dass der Meister, dem die Gestaltung der Glasfenster einer Kapelle im Mailänder Dom übertragen worden war, einen Lehrling mit einer wahren Leidenschaft für Safrangelb hatte, der daher den Beinamen *Zafferano* – Safran – erhielt. Der wegen seiner Gelb-Sucht verspottete junge Mann soll anlässlich einer bevorstehenden Hochzeit in der Familie seines Meisters den Koch überredet haben, Safran in den Risotto zu tun. Nach der heutigen Auffassung von gesunder Ernährung fragt man sich jedoch, was denn das Knochenmark im Risotto zu suchen hat. Unverzichtbar ist es nämlich nicht. Oft wird der Reis einfach nur mit dem Pfannensud aromatisiert. In Brescia setzt man ein Glas guten Rotwein zu.

Die Hauptsache ist eine Rindfleischbrühe von guter Qualität. Häufig wird auch ein *ossobuco* (siehe rechts) aus Kalbshaxenscheiben zum Risotto gereicht – und der Markknochen schleicht sich durch die Hintertür wieder ein.

Falls Sie den noblen Anstrich wahren möchten, besorgen Sie sich einen Bogen Blattgold im Künstlerbedarfsgeschäft und garnieren dann jede Portion Risotto mit einem Stückchen davon.

FÜR 4 PERSONEN

100 g Butter oder 50 g Butter und 50 ml frische Sahne (Crème double)
1 Zwiebel, fein gehackt
50 g Markknochen (wahlweise Bratensaft oder auch 100 ml trockener Rotwein)
350 g Carnaroli (wahlweise Vialone Nano oder Arborio)
1 l gute Rindfleischbrühe
2 TL Safranfäden, zuvor in warmer Brühe eingeweicht und ausgedrückt
75 g frisch geriebener Parmesan
Schwarzer Pfeffer

Ossobuco

1 EL fein gehackte frische Petersilie
Schale von 1 Zitrone
2 Knoblauchzehen, ausgepresst, oder
1 zerdrücktes Anchovisfilet

30 g Butter
1 Zwiebel, fein gehackt
2 EL Olivenöl extra vergine
4 Beinscheiben vom Kalb, fein mit Mehl bestäubt
150 ml trockener Weißwein
4 Tomaten, enthäutet, entkernt (siehe Seite 31) und gehackt
Salz und schwarzer Pfeffer

Die Hälfte der Butter in einer großen Kasserolle erhitzen und die Zwiebel darin glasig dünsten. Dann den Markknochen (oder Bratensaft) hinzufügen. Den Reis dazugeben und 5 Minuten rühren. Auf Wunsch den Wein hinzufügen; unablässig langsam rühren, dann nach und nach die kochende Brühe einrühren. 20 Minuten so fortfahren, bis der Reis gar ist. Er muss locker und körnig sein. Ungefähr 5 Minuten vor dem Ende der Gardauer den Safran hinzufügen, eventuell den restlichen Bratensaft. Den Topf von der Herdplatte nehmen, die restliche Butter (oder Sahne) und die Hälfte des Parmesans einrühren. Mit schwarzem Pfeffer bestreuen und sofort servieren. Den restlichen Parmesan dazu reichen.

Für den *ossobuco* die Petersilie, die Zitronenschale und den Knoblauch (oder Anchovis) in eine Schüssel geben, alles zu einer duftenden *gremolata* vermengen und stehen lassen. Die Butter in eine Kasserolle geben und die Zwiebel darin glasig dünsten. In einer anderen Kasserolle das Öl erhitzen und das Fleisch darin ringsherum bräunen. Mit den Zwiebeln bedecken und den Wein darübergeben. Nach einigen Minuten die Tomaten hinzufügen, salzen und pfeffern. Dann zugedeckt 1½ Stunden köcheln lassen. Hin und wieder einen Löffel von der restlichen Brühe nachfüllen, damit das Fleisch nicht anbrennt. Vor dem Servieren werden die Fleischstücke herausgenommen, über dem Risotto verteilt und mit *gremolata* beträufelt. Den Bratensaft löffelweise über das Fleisch geben.

RISOTTO AL SALTO

Reispfannkuchen

Dieses Mailänder Rezept, ursprünglich nur zur Resteverwertung gedacht, erhielt später die Anerkennung als eigenständiges Gericht. Erst neulich entdeckte ich diesen *Risotto al Salto* auf der Speisekarte des »Ristorante Peck«. Früher wurden dafür die Reste des *Risotto alla Milanese* (siehe Seite 94) verwertet. Ich finde allerdings, dass ein Spargel- oder Spinatrisotto besser dazu passt.

FÜR 4 PERSONEN

Risottoreste, z. B. *Risotto alla Milanese* (siehe Seite 94)
30 g Butter pro Person

Den Reis auf einer großen Platte verstreichen und mit einer Gabel oder mit den Fingern auflockern, damit er rieselt.

Für dieses Rezept ist eine Omelettpfanne mit schwerem Boden am besten geeignet. Eine Portion Risotto zu einem runden Fladen ausstreichen. Er muss kleiner als die Pfanne sein, um etwas Spielraum zu haben. Etwas Butter in der Pfanne zerlassen und den Fladen hineingleiten lassen. Mit dem Kochlöffel flach andrücken. So wird der Reis kompakter. Langsam garen lassen, damit er schön knusprig wird. Wenn der Pfannkuchen beim Schwenken der Pfanne an den Pfannenrand gleitet, das Ganze mit einem großen Teller abdecken, gut andrücken und wenden. Erneut Butter in die Pfanne geben, den Pfannkuchen wieder hineinlegen und von der anderen Seite knusprig braten.

Miroton

Reisauflauf mit Rindfleisch

Dieses Gericht wurde mir im Piemont serviert, als die Weinberge in frühherbstlichen Nebel gehüllt waren. Ein Glas Nebbiolo rundete das Ganze ab.

Für 6 Personen

1 Zwiebel, 1 Möhre und 1 Stange Sellerie, grob geschnitten
75 g Butter
500 g mageres Rindfleisch am Stück
1 Lorbeerblatt
4 Pfefferkörner, Salz
1 Zwiebel, fein gehackt
150 ml trockener Rotwein
500 g Carnaroli (wahlweise Vialone Nano oder Arborio)
50 g frisch geriebener Parmesan
2 Eier, verquirlt

Den Backofen auf 175 °C vorheizen (Gasherd Stufe 2–3).

Etwas Butter in einer Kasserolle erhitzen und das Gemüse darin gar dünsten. Das Fleisch hineinlegen und ringsherum bräunen, dann 1,5 l kochendes Wasser, das Lorbeerblatt, Pfefferkörner und Salz hinzufügen. Das fertig gegarte Fleisch mit einem Bratenheber herausnehmen, in Scheiben schneiden und stehen lassen. Die Brühe abseihen und 4 EL davon über das Fleisch gießen; den Rest aufbewahren.

30 g Butter in einer großen Kasserolle zerlassen und die fein gehackte Zwiebel darin glasig dünsten. Den Reis einrühren, nach 5 Minuten den Rotwein darübergießen und köcheln lassen, bis er verdampft ist. Dann nach und nach die restliche Fleischbrühe einrühren. 10 Minuten so fortfahren, den Kochtopf neben die Herdplatte stellen und den Parmesan, die Eier und den Rest der Butter unter den Reis rühren.

Eine Back- oder Souffléform mit Fett bestreichen. Zwei Drittel der Reismenge in die Form geben und zum Rand hin ausstreichen, sodass in der Mitte eine Mulde entsteht. Die Fleischscheiben mit dem Sud in die Mitte füllen und den restlichen Reis darüber verteilen. 35 Minuten im Backofen garen. In eine Servierschüssel geben, stehen lassen und nach 15 Minuten servieren.

Riso in Cavroman

Lammrisotto mit Kräutern und Gewürzen

Dieser orientalisch geprägte Lammrisotto ist eine Hommage an die große Vergangenheit Venedigs als Pforte zum Orient und Zentrum des Gewürzhandels.

Für 4 Personen

2 EL Olivenöl extra vergine
50 g Butter
1 Zwiebel, fein gehackt
2 Knoblauchzehen, fein gehackt
2 TL frischer Rosmarin, gehackt
1 Salbeiblatt, gehackt
350 g Lammkoteletts, ohne Fett
100 ml trockener Weißwein
350 g italienische Eiertomaten (frisch oder Konserven), entkernt und geviertelt
2 Gewürznelken, 2 cm Zimtstange, $^1/_4$ Teelöffel geriebene Muskatnuss, 1 Lorbeerblatt
Salz und schwarzer Pfeffer
1 l klare Fleischbrühe
350 g Vialone Nano (wahlweise Carnaroli oder Arborio)
50 g frisch geriebener Parmesan

Das Öl und die Hälfte der Butter in einer großen Kasserolle erhitzen und die Zwiebel, den Knoblauch und die frischen Kräuter darin gar dünsten. Dann das Fleisch hinzufügen, einige Minuten umrühren und den Wein darübergeben. Wenn der Wein fast verdampft ist, die Tomaten, die Gewürze und das Lorbeerblatt hinzufügen. Salzen und pfeffern, und wenn nötig, etwas Brühe nachgießen. So lange köcheln lassen, bis das Fleisch gar ist und sich vom Knochen löst. Die Knochen entfernen, das Fleisch in kleine Stücke schneiden. Dann in den Kochtopf zurückgeben und die restliche Butter hinzufügen. Den Reis einrühren, und wenn sich die Flüssigkeit reduziert hat, nach und nach die kochende Brühe einrühren, wobei der Reis die Flüssigkeit erst vollständig aufgenommen haben muss, bevor erneut Brühe zugegossen wird. Wenn der Reis gar ist, die groben Kräuter und Gewürze entfernen und den Käse einrühren.

Arancine

»Mini-Orangen« oder ausgebackene Reiskugeln

In Sizilien sind diese *arancine* bei Straßenhändlern, in Pizzerien und Snack Bars erhältlich. In der Größe richtiger Orangen sind sie gut für den Hunger zwischendurch; sind sie für die Vorspeisenplatte bestimmt, beträgt der Durchmesser nur 4 bis 5 cm. Dieses Rezept aus der orientalischen Küche dürfte mit den Arabern nach Sizilien gelangt sein.

Für 4 Personen

2 EL Olivenöl extra vergine
1 kleine Zwiebel, fein gehackt
1 Stange Sellerie, fein geschnitten
200 g mageres Kalbfleisch, grob gehackt
150 g geschälte Erbsen
100 ml frische Tomatensauce (siehe Seite 21)
1 l klare Fleischbrühe
Salz und schwarzer Pfeffer
300 g Carnaroli (wahlweise Vialone Nano oder Arborio)
50 g frisch geriebener Caciocavallo oder Parmesan
2 Eier, verquirlt
2 TL Safranfäden, in warmer Brühe eingeweicht
Etwas geriebene Muskatnuss
30 g Butter, zerlassen
Mehl zum Bestäuben
Paniermehl
Öl zum Ausbacken

Das Olivenöl in einer großen Kasserolle erhitzen, die Zwiebeln und Selleriestückchen darin gar dünsten. Das Fleisch hineingeben und bräunen lassen, dann die Erbsen, die Tomatensauce und etwas von der Brühe einrühren. Salzen und pfeffern, zudecken und köcheln lassen, bis das Fleisch gar und die Flüssigkeit fast verdampft ist. Die Hälfte der Brühe zum Kochen bringen und den Reis einrieseln lassen. 15 Minuten garen, dabei hin und wieder umrühren; wenn nötig, etwas Brühe nachfüllen und so fortfahren, bis der Reis gar, aber noch bissfest ist. Gegegebenenfalls die Flüssigkeit abseihen, dann den Käse, die Hälfte der Eier, den ausgedrückten Safran, die Muskatnuss, Pfeffer und die zerlassene Butter einrühren. Jetzt die Masse zum Abkühlen auf einer großen Platte ausstreichen.

Für die *arancine* je 1 gehäuften EL Reis mit der Hand zur Kugel formen und in der Mitte etwas eindrücken. Das Haschee hineinfüllen, einen Klecks Reis darübergeben und wieder zur Kugel formen. So viele Kugeln formen, bis alles aufgebraucht ist.

Zum Ausbacken wird jede Kugel zunächst mit Mehl bestäubt, dann in das restliche verquirlte Ei getaucht und in Paniermehl gewendet. Mit sämtlichen Kugeln so verfahren, dann erst mit dem Frittieren beginnen (siehe Seite 10f.). Die Mini-Orangen schön goldgelb ausbacken.

RISOTTO DI PASQUA

Osterrisotto mit Lamm

Eine italienische Ostertafel ohne Lamm – undenkbar. Die apulischen Klöster versorgen die Einheimischen mit süßen Lämmern aus Quittengelee in allen Größen. In Sizilien wird buntes Marzipan zu Lämmern geformt. In Rom und in den Abruzzen, wo der Menschenschlag nüchterner ist, wird das Lamm mit frischem Rosmarin und Knoblauch aromatisiert und im Ofen oder auf dem Rost gegart. In Venetien ist es Brauch, zu Ostern einen Lammrisotto zu servieren.

FÜR 4 PERSONEN

50 g Butter
1 Knoblauchzehe, gepresst
1 Zwiebel, 1 Möhre und 1 Stange Sellerie, fein geschnitten
3 TL fein gehackter frischer Rosmarin
350 g mageres Lammfleisch, in Würfel geschnitten
Salz und schwarzer Pfeffer
100 ml trockener Weißwein
1,5 l klare Fleischbrühe
350 g Vialone Nano (wahlweise Carnaroli oder Arborio)
Schale von 1 großen Zitrone
30 g frisch geriebener Pecorino (kann weggelassen werden)

Die Hälfte der Butter in einer großen Kasserolle erhitzen und das Gemüse darin gar dünsten. Den Rosmarin hinzufügen und das Fleisch einrühren. Salzen, pfeffern, den Wein darübergießen und rühren, bis er verdampft ist. 300 ml Brühe einfüllen, alles zum Kochen bringen und 20 Minuten sanft köcheln lassen. Dann den Reis einstreuen und nach und nach die kochende Brühe einrühren, wobei der Reis die Brühe erst vollständig aufgenommen haben muss, bevor erneut Flüssigkeit nachgegossen wird. So fortfahren, bis die Brühe aufgebraucht ist. Zum Schluss die Zitronenschale und die restliche Butter unter den Risotto rühren. Auf Wunsch wird Pecorino getrennt dazu gereicht.

KÄSE

KÄSE

Italien bietet uns eine breit gefächerte Palette regionaler Käsesorten. In Süditalien, wo es keine traditionelle Haltung von Milchkühen gibt, werden vorwiegend Ziegen- und Schafsmilchkäse produziert. So galt ein Parmigiano Reggiano in Süditalien noch vor einiger Zeit als unerschwinglicher Luxus; trotzdem fährt man mit der Wahl eines der lokalen Käseprodukte auch heute oft besser als mit einem Allerwelts-Parmesan unbekannter Herkunft.

Pecorino ist der Oberbegriff für Schafsmilch-Käse. Es gibt ihn in verschiedenen Reifegraden: frisch und weich nach der ersten Salzung, *primo sale* genannt, bis hin zum gereiften harten Käse zum Reiben. Pecorino Romano stammt aus Rom, während die andere weit verbreitete Sorte sardischen Ursprungs ist.

Mozzarella kommt aus Kampanien, doch nur in der Gegend von Battipaglia und Paestum wird er traditionsgemäß aus Büffelmilch gewonnen. Mozzarella aus der Umgebung von Amalfi wird aus Kuhmilch hergestellt.

In Norditalien finden wir Parmesan, Fontina, Gorgonzola und eine Unmenge anderer köstlicher Käsesorten. Viele davon sind außerhalb der Region nicht bekannt und werden auch nicht exportiert.

Ich empfehle Ihnen, für die folgenden Rezepte nur Käse bester Qualität zu verwenden. Reis ist ja bekanntlich eher neutral im Geschmack, und durch den Käse wird die Speise würziger gemacht. Schlechte Qualität bringt schlechten Geschmack. Als Faustregel gilt, dass ein guter Käse aus lokaler Herstellung besser ist als ein in Plastik abgepackter geriebener Parmesan mit fadem Geschmack, der Italien wahrscheinlich nie gesehen hat!

Risotto ai Quattro Formaggi

Risotto mit vier Sorten Käse

Falls Sie es milder mögen, nehmen Sie statt Gorgonzola einen anderen Käse.

Für 4 Personen

50 g Butter
1 kleine Zwiebel, fein gehackt
350 g Carnaroli (wahlweise Vialone Nano oder Arborio)
1,2 l klare Fleisch- oder Gemüsebrühe
50 g Taleggio, gewürfelt
50 g Fontina, gewürfelt
50 g frisch geriebener Parmesan
50 g Gorgonzola, gewürfelt
Schwarzer Pfeffer

Die Hälfte der Butter in einer großen Kasserolle erhitzen und die Zwiebeln darin gar dünsten. Dann den Reis einrühren und 5 Minuten später nach und nach die kochende Brühe einrühren, wobei der Reis die Flüssigkeit erst vollständig aufgenommen haben muss, bevor erneut Brühe zugegossen wird. 15 bis 20 Minuten so fortfahren, bis der Reis gar ist. Jetzt den Käse und die restliche Butter untermischen. Danach mit schwarzem Pfeffer bestreuen. Sofort servieren, solange der Käse noch weich und cremig ist.

RISOTTO CON FONDUTA

Risotto mit Fonduta

Fonduta ist eine sämige Käsesauce, die jedes Gericht verfeinert. Mit einem Hauch weißer oder schwarzer Trüffel, frisch darüber gehobelt, macht sie jedes Gericht zu einer wahren Köstlichkeit. Auch in Öl ausgebackene Champignonscheiben sind geeignet.

FÜR 4 PERSONEN

Fonduta
400 g Fontina aus dem Aosta-Tal
200 ml Milch
50 g Butter
4 Eigelbe

75 g Butter
1 Zwiebel, fein gehackt
350 g Carnaroli
(wahlweise Vialone Nano oder Arborio)
1 l klare Fleisch- oder Gemüsebrühe
Schwarzer Pfeffer

Für die *Fonduta*: Den Käse in kleine Würfel schneiden, mit der Milch begießen und das Ganze 2 bis 6 Stunden ziehen lassen. Die Hälfte der Butter im Wasserbad erhitzen, den abgetropften Käse hinzufügen und dabei ständig mit einem Holzlöffel umrühren. Die Mischung darf nicht kochen. Die Temperatur höher schalten und die 4 Eigelbe nacheinander kräftig unter die Sauce schlagen. Danach die restliche Butter einrühren und warm stellen.

Für den Risotto die Hälfte der Butter in einer großen Kasserolle erhitzen und die Zwiebel darin glasig dünsten. Den Reis einrieseln lassen, 5 Minuten umrühren, dann nach und nach die Brühe einrühren. 15 bis 20 Minuten so fortfahren, bis der Reis gar ist und die Flüssigkeit aufgesogen hat.

Zum Servieren die cremige *Fonduta* über den Risotto verteilen. Falls keine Trüffeln oder andere Speisepilze vorrätig sind, einfach mit schwarzem Pfeffer aus der Mühle bestreuen.

Supplì

Reiskroketten mit Mozzarellafüllung

Diese knusprige römische Spezialität wird im Allgemeinen als köstlicher Snack im Vorbeigehen warm »auf die Hand« verkauft. Da die Kroketten so populär sind, gibt es sie auch in vielen Pizzerien. Beißt man hinein, fließt der Käse von innen heraus, was vage an ein Telefonkabel erinnern soll, daher der Name *supplì*.

Für 18 Kroketten

400 g Carnaroli
(wahlweise Arborio oder Vialone Nano)
Salz
100 g Butter
150 g geriebener Parmesan
2 Eier, verquirlt
Schwarzer Pfeffer
100 g Schinken oder Salami
300 g Mozzarella
2 Eier, verquirlt
Paniermehl
Öl zum Ausbacken

Den Reis in 1,5 l kochendes Wasser mit Salz geben und 12 bis 15 Minuten garen. Dann den abgetropften, noch heißen Reis mit der Butter, dem Parmesan, den verquirlten Eiern und schwarzem Pfeffer mischen. Abkühlen lassen. Für die Füllung den gekochten Schinken (oder Salami) und den Mozzarella in Würfel schneiden. Aus dem abgekühlten Reis 18 Kugeln formen und in der Mitte eindrücken. Diese Vertiefung mit den Schinken- und Käsewürfeln füllen und jede Kugel zu einer länglichen Rolle formen. Jede Krokette erst in Ei, dann in Paniermehl wenden und in heißem Öl knusprig und goldgelb frittieren (siehe Seite 10).

Risotto con Gorgonzola

Risotto mit Gorgonzola

Dieses einfache Rezept aus der Lombardei ist etwas für die Liebhaber des scharfwürzigen Gorgonzola.

Für 4 Personen

300 g Gorgonzola
1 l klare Fleisch- oder Gemüsebrühe
50 g Butter
1 kleine Zwiebel, fein gehackt
300 g Carnaroli (wahlweise Vialone Nano oder Arborio)
Salz und schwarzer Pfeffer
8 halbe Walnüsse, gehackt

Den Gorgonzola klein geschnitten mit etwas heißer Brühe in eine Kasserolle geben und alles zu einem sämigen Brei verrühren. In einer anderen Kasserolle die Hälfte der Butter erhitzen und die Zwiebel darin glasig dünsten. Den Reis einrühren und 5 Minuten später nach und nach die kochende Brühe einrühren, wobei der Reis die Flüssigkeit erst vollständig aufgenommen haben muss, bevor erneut Brühe zugegossen wird. 15 bis 20 Minuten so fortfahren, bis der Reis gar ist. Den Topf neben den Herd stellen, Salz und Pfeffer einstreuen, die restliche Butter einrühren und im letzten Moment die Käsesauce darübergeben. Zum Servieren über jede Portion gehackte Walnüsse streuen.

Riso ai Formaggi

Reisauflauf mit Käse

Im Unterschied zum traditionellen Piemonteser Rezept ersetze ich den Schinken gerne durch eine Zwiebel, die zuvor in Streifen geschnitten und in Olivenöl gegart wird. Das Rezept schmeckt auch mit anderen Käsesorten.

Für 4 Personen

400 g Carnaroli (wahlweise Vialone Nano oder Arborio)
100 g Butter
50 g frisch geriebener Parmesan
Salz und schwarzer Pfeffer
50 g Fontina aus dem Aostatal, in dünne Scheiben geschnitten
50 g Provolone, in dünne Scheiben geschnitten
50 g gehobelter Parmesan
75 g magerer gekochter Schinken, in dünne Scheiben geschnitten

Den Backofen auf 180 °C (Gasherd Stufe 2–3) vorheizen und eine große feuerfeste Form einfetten.

1,5 l leicht gesalzenes Wasser in einer großen Kasserolle zum Kochen bringen. Den Reis 8 Minuten darin garen. Das Wasser abgießen und den Reis beiseite stellen.

Die Hälfte der Butter in einer anderen Kasserolle zerlassen und den Reis hinzufügen. 5 Minuten gut einrühren, dann drei Viertel des geriebenen Parmesans, Salz und Pfeffer einstreuen. Ein Drittel der Reismenge in die Auflaufform geben, verstreichen und mit jeweils der Hälfte Käsescheiben, gehobeltem Parmesan und Schinken bedecken. Jetzt erneut Reis darüber geben und den restlichen Käse und Schinken darauflegen. Obenauf kommt eine letzte Lage Reis. Dann den Rest der Butter zerlassen, darübergießen und mit dem restlichen Parmesan bestreuen. Mit schwarzem Pfeffer aus der Mühle würzen und 15 Minuten im Ofen überbacken.

SFORMATINI DI RISO

Kleine Reiskuchen mit Béchamelsauce

Diese kleinen Reiskuchen schmecken als Vorspeise ebenso köstlich wie als Beilage zum Hauptgang.

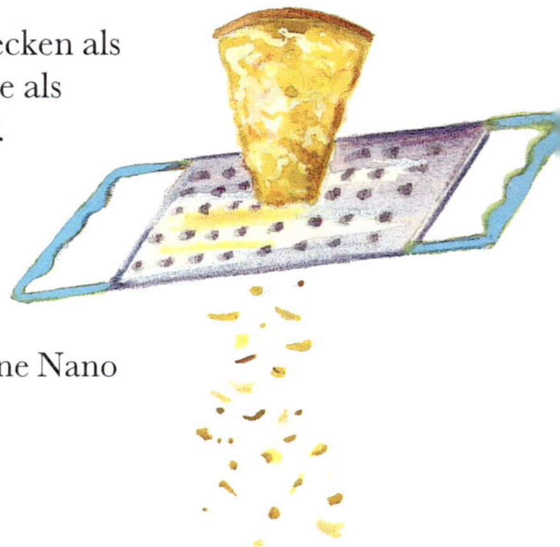

FÜR 4 PERSONEN

30 g Butter
300 g Carnaroli (wahlweise Vialone Nano oder Arborio)

Béchamelsauce
30 g Butter
30 g Mehl
300 ml Milch
Etwas geriebene Muskatnuss
Salz und schwarzer Pfeffer

50 g geriebener Parmesan
120 g Mozzarella, gewürfelt
Schwarzer Pfeffer
1 EL Paniermehl

Den Backofen auf 175 °C (Gasherd Stufe 2–3) vorheizen und kleine Backformen mit Butter bestreichen.

750 ml Wasser mit etwas Salz in einer großen Kasserolle zum Kochen bringen. Den Reis einrieseln lassen, 10 Minuten sanft garen lassen und das Wasser abgießen.

Für die Béchamelsauce: Die Butter in einer kleinen Kasserolle zerlassen, das Mehl einstreuen und einige Minuten kräftig rühren. Dann die Temperatur herunterschalten und nach und nach die Milch hinzufügen. So lange weiterrühren, bis eine dicke, sämige Sauce entsteht. Jetzt die geriebene Muskatnuss, Salz und Pfeffer darübergeben.

Danach die Béchamelsauce, den Parmesan und den Mozzarella mit etwas schwarzem Pfeffer in den Reis einrühren. Paniermehl in die gebutterten Portionsförmchen streuen, die Reismischung einfüllen und glatt streichen. 15 bis 20 Minuten goldgelb backen und außerhalb der Backröhre 5 Minuten stehen lassen. Die Küchlein aus der Form lösen und auf Esstellern anrichten, die knusprige Seite nach oben.

Crostata di Riso

Gratinierter Reis mit Mozzarella

Diese Spezialität aus Neapel aß ich zum ersten Mal auf einer schattigen Terrasse in Ischia; die Zikaden zirpten, und ich hatte vor, danach zum Schwimmen zu gehen. Nachdem ich dann aber so viel *Crostata di riso* genossen hatte, rieten mir meine besorgten Gastgeber, das Schwimmen für diesen Tag sein zu lassen!

Für 4 Personen

2 EL Olivenöl extra vergine
1 große Zwiebel, fein gehackt
1 l klare Fleischbrühe oder Wasser
400 g Carnaroli
(wahlweise Vialone Nano oder Arborio)
500 ml frische Tomatensauce (siehe Seite 21)
1 EL fein gehackte frische Petersilie
Salz und schwarzer Pfeffer
100 g frisch geriebener Parmesan
6 Basilikumblätter, zerpflückt
300 g Mozzarella, in Scheiben geschnitten
30 g Butter

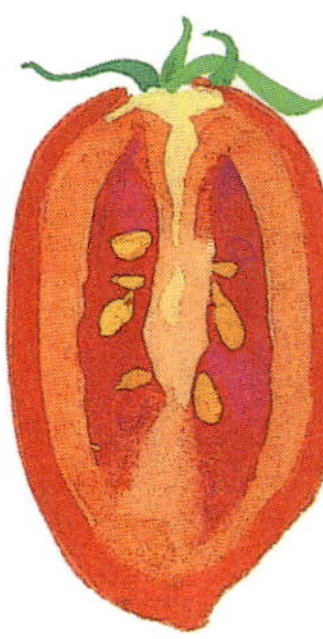

Den Backofen auf 175 °C (Gasherd Stufe 2–3) vorheizen und eine große runde feuerfeste Form mit Öl bestreichen.

Das restliche Öl in einer großen Kasserolle erhitzen und die Zwiebel darin glasig dünsten. In einer anderen Kasserolle die Brühe zum Kochen bringen und den Reis einrieseln lassen. 10 Minuten garen lassen, dann das Wasser abgießen und den Reis in die Zwiebeln einrühren. 5 Minuten garen lassen, dann drei Viertel der Tomatensauce und die Petersilie hinzufügen, salzen und pfeffern. Jetzt drei Viertel des Parmesans mit dem Basilikum in den Reis einrühren; die Hälfte davon in den Boden der Auflaufform streichen. Mit den Mozzarellascheiben bedecken und den Rest der Sauce darüber verteilen. Dann nacheinander den restlichen Reis und den restlichen Parmesan darübergeben. Mit Butterflocken bestreuen und 35 Minuten im Ofen backen. 10 Minuten abkühlen lassen, dann servieren.

Frittata di Riso

Reisomelett

Für dieses Rezept ist jeder Risottorest geeignet. Es schmeckt aber so gut, dass ich den Reis oft extra dafür koche. In Kampanien im Süden Italiens werden diese köstlichen Reis- oder Nudelomeletts für »zwischendurch« zubereitet, und so hat man immer einen kleinen Snack vorrätig. *Frittata* schmeckt sowohl heiß als auch kalt und ist genau das Richtige für ein gepflegtes Picknick!

Für 4 Personen

Risottoreste vom Vortag oder 300 g Carnaroli (wahlweise Vialone Nano oder Arborio)
50 g frisch geriebener Parmesan
2 Eier, verquirlt
6 EL frische Tomatensauce (siehe Seite 21)
2 TL gehackte frische Petersilie
4 Basilikumblätter, zerpflückt
Salz und schwarzer Pfeffer
50–100 g Butter zum Braten

Für dieses Rezept ist eine schwere Bratpfanne unerlässlich. Je nach Durchmesser reichen die Zutaten für 2 oder 4 Omeletts.

Sind keine Reste vorrätig, wird der Reis in der doppelten Menge Salzwasser in 10 Minuten gegart und zum Abtropfen in ein Sieb gegeben. Sämtliche anderen Zutaten (außer der Butter) in den frisch gekochten Reis oder den Risottorest einrühren.

Für jedes Omelett 15 g Butter in der Pfanne zerlassen. Dann genügend Reis hineingeben und zu einem flachen Rund ausstreichen. Bei niedriger Temperaturstufe die Pfanne langsam im Uhrzeigersinn herumdrehen, damit der Reis schön gleichmäßig bräunt. Wenn die Unterseite goldgelb gebraten ist, die Pfanne mit einem ausreichend großen Teller bedecken und herumdrehen, sodass die *frittata* auf den Teller gleitet. Jetzt erneut etwas Butter in die Bratpfanne geben, das Omelett wieder hineingleiten lassen und von der anderen Seite goldgelb braten. Nehmen Sie sich Zeit! Je mehr Geduld, desto besser das Resultat!

Etwas Besonderes

ETWAS BESONDERES

Fast noch mehr als die Liebe ist das Essen eine Leidenschaft der Italiener. Bereits das Einkaufen wird dort zu einem sinnlichen Vergnügen. Die einfachste Frucht wird als Juwel gepriesen, das alltäglichste Gemüse wird den Kunden mit großer Geste vorgeführt; ein schlichter Knollensellerie wird zärtlich in Papier gehüllt, bevor er in der Einkaufstasche verschwindet. Selbst ein Steak ist etwas Schönes – *una bella bistecca*; und der Anblick all der Fische, unter denen es zu wählen gilt, lässt die Wogen der Erregung noch höher schlagen.

Wenn schon das tägliche Essen mit so viel Aufwand betrieben wird, was macht man dann bei besonderen Anlässen? In diesem Kapitel habe ich eine Reihe von Rezepten zusammengestellt, deren extravagante Ingredenzien und fantasievolle Präsentation in ihrer Familie und bei Freunden und Bekannten Furore machen werden. Ein Hochgenuss!

RISOTTO DELLE ROSE

Risotto mit Rosenblüten

Dieser dekadent anmutende Risotto
wurde bei den romantischen Tête-à-Têtes
des Dichters Gabriele d'Annunzio und der
Schauspielerin Eleonora Duse gereicht.

FÜR 4 PERSONEN

4 frische, gerade erblühende rosa Rosen
120 g Butter
350 g Vialone Nano (wahlweise Carnaroli oder Arborio)
Etwas geriebene Muskatnuss
150 ml trockener Rosé oder Weißwein
1 l klare Fleisch- oder Gemüsebrühe
Salz und schwarzer Pfeffer
100 ml Sahne (Crème double)
Rosa Lebensmittelfarbe (kann weggelassen werden)
1 TL Rosenwasser (kann weggelassen werden)
120 g gehobelter Emmenthaler

Die Blütenköpfe waschen und die Blütenblätter abzupfen. Die 8 schönsten zum Dekorieren aufbewahren; den Rest nach Hell und Dunkel sortieren. Die Hälfte der Butter in einer großen Kasserolle erhitzen und nacheinander den Reis, etwas geriebene Muskatnuss und die hellen Blütenblätter unterrühren. 5 Minuten garen.

Jetzt den Wein hinzugießen und weitergaren lassen, bis er fast verdampft ist. Dann nach und nach die kochende Brühe einrühren, wobei der Reis die Flüssigkeit erst vollständig aufgenommen haben muss, bevor erneut Brühe zugegossen wird. 10 Minuten so fortfahren, dann die dunkleren Blütenblätter hinzufügen und alles 5 bis 10 Minuten weitergaren. Wenn der Reis gar, aber noch bissfest ist, alles von der Herdplatte nehmen, mit Salz und Pfeffer abschmecken und mit der restlichen Butter und der Sahne verrühren. Zum Schluss ein paar Tropfen rosa Lebensmittelfarbe und Rosenwasser daruntermischen.

Zum Servieren den Risotto mit gehobeltem Käse bestreuen und mit den aufbewahrten 8 Rosenblätter verzieren.

Risotto allo Spumante

Champagnerrisotto

Dieser gehaltvolle, opulente Risotto stammt aus dem Piemont, wo neben edlem Rotwein auch guter trockener Schaumwein gemacht wird. Dieses Rezept ist etwas für große Gala-Empfänge.

Für 4 Personen

1 Flasche Champagner oder guter trockener Sekt
350 g Carnaroli
(wahlweise Vialone Nano oder Arborio)
50 g Butter
2 Stangen Sellerie, fein geschnitten
1 kleine Zwiebel, fein gehackt
1 kleine Stange Lauch, in dünne Ringe geschnitten
1 Lorbeerblatt
1 l klare Fleisch- oder Gemüsebrühe
50 g frisch geriebener Parmesan
250 ml Sahne (Crème double)
Salz und weißer Pfeffer

Zunächst 4 EL Champagner abzweigen und stehen lassen. Dann den Reis in den restlichen Champagner geben und 30 Minuten ziehen lassen. Die Hälfte der Butter in einer großen Kasserolle erhitzen und das Gemüse darin gar dünsten. Das Lorbeerblatt hinzufügen. Die Brühe in einem anderen Kochtopf zum Kochen bringen und sieden lassen. Den Reis mit einem Seiher aus dem Champagner herausnehmen und – tropfnass – unter das Gemüse rühren. Unter ständigem Rühren mitgaren, dann nach und nach den Champagner hinzufügen. Dabei muss der Reis die Flüssigkeit immer vollständig aufgenommen haben, bevor nachgegossen wird. Ist der Champagner aufgebraucht, den Vorgang mit der Brühe fortsetzen. Nach 15 bis 20 Minuten sollte der Reis gar, aber noch bissfest sein. Dann die Kasserolle von der Herdplatte nehmen und den reservierten Champagner einrühren. Die restliche Butter, den Parmesan und die Sahne untermischen. Mit Salz und weißem Pfeffer aus der Mühle bestreuen, nochmals umrühren und servieren.

RISOTTO AL BALSAMICO

Risotto mit Balsamico-Essig

»Silverio« heißt mein Lieblingsrestaurant in Bologna. Silverio Cineri ist ein liebenswürdiger, ungezwungener Gastgeber und ein fantasievoller Küchenchef, mit Freude am Experimentieren und Improvisieren. Von seinen sonstigen Leidenschaften zeugen die bemerkenswerten Sammlungen alter Druckschriften, historischer Pasta-Gerätschaften und traditioneller Balsamessige. Traditioneller Balsamico-Essig, wie er in Modena gemacht wird, braucht viele Jahre, um sich zu entfalten, und wird aus dem eingekochten Traubenmost der Sorte Trebbiano gewonnen. Er reift in Fässern aus Eichen-, Kastanien-, Kirschen-, Eschen- oder Maulbeerbaumholz, die zu »Batterien« zusammengestellt werden. Das Endprodukt wird in kleinen Mengen abgefüllt und hat mit seinem süßen, weichen, harmonischen Geschmack mit den sauren Essigen, die im Supermarkt die Regale füllen, nichts mehr gemein.

FÜR 4 PERSONEN

50 g Butter
1 kleine Zwiebel, fein gehackt
200 g Carnaroli (wahlweise Vialone Nano oder Arborio)
1 l klare Fleisch- oder Gemüsebrühe
50 g frisch geriebener Parmesan
Salz
4 TL traditioneller Balsamico-Essig aus Modena
30 g gehobelter Parmesan

Die Hälfte der Butter zerlassen und die Zwiebel darin glasig dünsten. Dann den Reis in die Kasserolle geben und 5 Minuten unablässig rühren. Nach und nach die Brühe hinzufügen, bis der Reis gar ist, also zirka 20 Minuten. Wenn die Brühe vorher aufgebraucht ist, den Vorgang mit kochendem Wasser fortsetzen. Danach die restliche Butter und den geriebenen Parmesan unter den Risotto mischen. Mit Salz und Pfeffer abschmecken und sofort servieren. Zum Anrichten auf jede Portion in die Mitte 1 TL Balsamico-Essig geben und Parmesan darüberhobeln.

Risotto al Barolo

Rotweinrisotto mit Barolo

Dieses luxuriöse Rezept stammt aus dem Piemont, dem Ursprungsland edler Rotweine. Die Zubereitung lohnt sich nur, wenn Sie einen wirklich guten, mindestens drei Jahre alten Tropfen verwenden – und keine abgestandenen Reste! Bei meinem letzten Besuch im Restaurant »La Contea« in Neive bestellte meine Kollegin für ihren Ehemann, der an diesem Tag seinen vierzigsten Geburtstag beging, einen ebenso alten Barolo, um ihn über das Erreichen dieser Schwelle hinwegzutrösten. Danach kam mir die Idee, mit solch einer Flasche meinem Risotto einen unnachahmlichen Geschmack zu verleihen. Was mich abschreckte, war nur die Vorstellung, dass ich den selben Wein auch noch bei Tisch zu kredenzen hätte. Das wäre dann fast so wie in dem Film *Babettes Fest*!

Für 4 Personen

30 g Butter
1 kleine Zwiebel, fein gehackt
350 g Carnaroli (wahlweise Vialone Nano oder Arborio)
500 ml Rotwein (Barolo)
500 ml gehaltvolle Fleisch- oder Gemüsebrühe
Salz und schwarzer Pfeffer
50 g frisch geriebener Parmesan

Die Hälfte der Butter in einer großen Kasserolle zerlassen und die Zwiebel darin gar dünsten. Den Reis hinzufügen und alles 5 Minuten gut umrühren. Dann nach und nach den Wein einrühren (gegebenenfalls mit kochender Brühe fortfahren). Immer weiterrühren, bis der Reis nach 15 bis 20 Minuten gar ist, aber noch Biss hat. Den Topf neben den Herd stellen, mit Salz und Pfeffer abschmecken, die restliche Butter und den Parmesan unterrühren und sofort servieren.

RISO COL LIMONE

Zitronenrisotto

Vor der Industrialisierung war Conca d'Oro auf Sizilien ein einziges großes Orangen- und Zitronenmeer. Das ist heute leider nicht mehr so, aber die Speisen haben oft immer noch das typische Aroma der sizilianischen Zitrusfrüchte. Sizilianische Fischgerichte werden vorwiegend mit Orangen zubereitet, und die Zitronen sind meistens für Nachspeisen bestimmt. Es gibt jedoch Ausnahmen, zum Beispiel diesen Risotto. Käse wird nach Belieben getrennt gereicht oder im letzten Moment eingerührt; ohne Käse wird dieser Reis aber leichter und feiner.

FÜR 4 PERSONEN

30 g Butter
1 kleine Zwiebel, fein gehackt
400 g Carnaroli (wahlweise Vialone Nano oder Arborio)
100 ml trockener Weißwein
Saft und Schale von 1 reifen Zitrone
1 l klare Fleisch- oder Gemüsebrühe
1 EL fein gehackte frische Petersilie
Salz und schwarzer Pfeffer
50 g frisch geriebener Caciocavallo oder Parmesan (kann weggelassen werden)

Die Butter in einer großen Kasserolle zerlassen und die Zwiebel darin gar dünsten. Den Reis einrühren und 5 Minuten später den Wein und die Hälfte der Zitronenschale hinzufügen. Dann nach und nach die kochende Brühe einrühren, wobei der Reis die Flüssigkeit erst vollständig aufgenommen haben muss, bevor erneut Brühe zugegossen wird. 15 bis 20 Minuten so fortfahren, bis der Reis gar (bissfest) ist. Dann von der Herdplatte herunternehmen und mit der Petersilie, dem Zitronensaft, der restlichen Zitronenschale sowie Salz und Pfeffer vermengen. Den Käse gegebenenfalls in den Reis einrühren oder getrennt dazu reichen.

Sartù in Sfoglia di Melanzane

Auberginen-Charlotte in Portionsförmchen

Diese stilvolle *Sartù*-Variation ist eine Kreation von Livia und Alfonso Iaccariono. Sie führen das Drei-Sterne-Restaurant »Don Alfonso« in Sant'Agata sui due Golfi an der Küste von Amalfi. Es zählt zu meinen Lieblingsadressen. Die Speisekarte enthält sowohl neue Kreationen als auch eine Reihe traditioneller neapolitanischer Speisen, nur in leichteren Versionen. Die köstlichen heimischen Zutaten, zumeist aus biologisch-organischem Anbau, kommen von Alfonsos eigenem Hof, von wo aus man den Blick auf die Insel Capri hat.

Für 4 Personen

2 Auberginen, in dünne Scheiben geschnitten
Grobes Salz für die Auberginen
zum Entziehen der Bitterstoffe
Öl zum Braten

Tomatensauce

1 EL Olivenöl extra vergine
1 kleine Zwiebel, gehackt
50 g Möhren, klein geschnitten
50 g Sellerie, klein geschnitten
500 g italienische Eiertomaten (Konserve)
1 Lorbeerblatt
80 g mageres Fleisch, in feine Würfel geschnitten
Salz und schwarzer Pfeffer

Fleischbällchen

150 g gehacktes Fleisch
1 Scheibe altbackenes Brot ohne Rinde, in Milch eingeweicht

1 Eigelb
Salz und schwarzer Pfeffer
Etwas geriebene Muskatnuss
Mehl zum Bestäuben
1 EL Olivenöl extra vergine
2 Hühnerlebern, gehackt
(kann weggelassen werden)
2 EL Weinbrand
2 EL Olivenöl extra vergine
300 g Carnaroli (wahlweise
Vialone Nano oder Arborio)

150 g geschälte Erbsen
1 Zwiebel, fein gehackt
50 ml trockener Weißwein
1 l klare Fleischbrühe
1 EL frisch geriebener Parmesan
2 Eigelbe
150 g Mozzarella, gewürfelt

1 EL Paniermehl
Basilikumblätter zum Dekorieren
(können weggelassen werden)

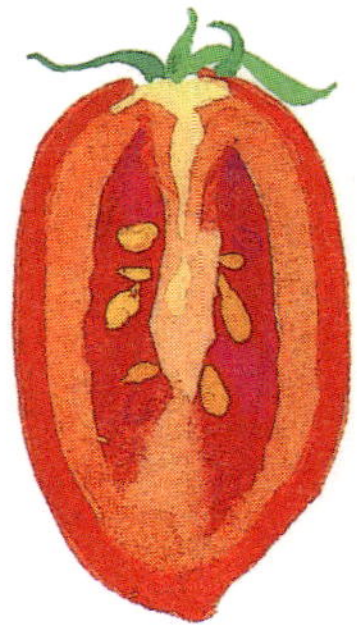

Den Backofen auf 180 °C (Gasherd Stufe 2–3) vorheizen und 4 Portionsförmchen einfetten. Die Auberginenscheiben mit Salz bestreuen, um ihnen die Bitterstoffe zu entziehen (siehe Seite 19). Gut abspülen und trocken tupfen. Die Scheiben goldgelb braten und zum Abtropfen auf Küchenkrepp legen.

Für die Tomatensauce das Öl in eine Kasserolle geben und das zerkleinerte Gemüse (Zwiebeln, Möhren und Sellerie) darin gar dünsten. Anschließend alles passieren oder pürieren und wieder in die Kasserolle geben, dann Tomaten, Lorbeerblatt und Fleisch zufügen. Mit Salz und Pfeffer bestreuen und 30 Minuten garen. Dann alles passieren (Sieb oder Passiergerät).

Für die Fleischbällchen: Das Hackfleisch mit dem eingeweichten Brot, Eigelb, Salz, Pfeffer und geriebener Muskatnuss in der Küchenmaschine zu einem glatten Teig verarbeiten. Kleine Fleischkugeln formen, in Mehl wenden und in heißem Olivenöl goldgelb braten. Zum Abtropfen auf Küchenkrepp legen. Gegebenenfalls die Hühnerlebern im selben Öl ausbraten, dann alles mit Salz und Pfeffer bestreuen und mit dem Weinbrand ablöschen.

Für den Risotto das Öl in eine große Kasserolle geben, erhitzen, den Reis einrieseln lassen und 5 Minuten ständig umrühren. Erbsen und Zwiebeln hinzufügen. Den Wein und etwas Brühe einfüllen und 10 Minuten unablässig weiterrühren. Wenn der Reis halb gar ist, den Topfinhalt in ein flaches Gefäß umfüllen und abkühlen lassen. In eine tiefe Schüssel geben, mit dem Parmesan und den Eigelben vermengen. Den Mozzarella, die Fleischkugeln und gegebenenfalls Lebern unterheben. Die Backformen mit Paniermehl ausstreuen und mit Auberginenscheiben auslegen. Mit der Reismischung füllen, 15 Minuten überbacken und 5 Minuten abkühlen lassen. Auf jeden Teller etwas Tomatensauce geben und einen gestürzten *Sartù* daraufsetzen. Eventuell mit Basilikum dekorieren und sofort servieren.

RISOTTO CON FIORI DI ZUCCHINI

Risotto mit Zucchiniblüten

In manchen Ländern sind Zucchiniblüten so selten, dass dieses Gericht dort, wenn überhaupt, nur in der Rubrik »Spezialität des Hauses« auf der Speisekarte auftaucht. In Rom erhält man sie im Bund, acht Blüten für wenige Lire, und in Süditalien gibt es sie im Kilo zum selben Preis! Dort werden Zucchini speziell wegen ihrer Blüten angebaut; aber natürlich gibt es sie dort auch mit dem Gemüse dran. Falls die Zucchini noch mit den Blüten verbunden sind, können Sie davon hauchdünne Lamellen abschneiden und zum Risotto geben; nach den Zwiebeln und bevor der Reis hineinkommt.

FÜR 4 PERSONEN

8 Zucchiniblüten
80 g Butter
1 Zwiebel, fein gehackt
350 g Vialone Nano
(wahlweise Carnaroli oder Arborio)
1 l klare Fleisch- oder Gemüsebrühe
Salz und schwarzer Pfeffer
50 g frisch geriebener Parmesan
4 Basilikumblätter, grob zerpflückt

Behutsam die Stiele, Staubblätter und Stempel von den Blüten entfernen und gegebenenfalls das Gemüse abtrennen und in hauchfeine Scheiben schneiden, den Stielansatz wegwerfen. Die Blüten vorsichtig in eine Schüssel mit Wasser legen, um Schmutzpartikel und Insekten herauszuschwemmen. Dann trocken tupfen und in lockere Bänder schneiden.

Die Hälfte der Butter in einer großen Kasserolle erhitzen und die Zwiebel darin gar dünsten. Die Zucchinischeiben jetzt hinzufügen. Den Reis einrieseln lassen, 5 Minuten umrühren, dann nach und nach die kochende Brühe einrühren, wobei der Reis die Flüssigkeit erst vollständig aufgenommen haben muss, bevor erneut Brühe zugegossen wird. 15 Minuten so fortfahren, bis der Reis fast gar ist. Dann die Zucchiniblüten hinzufügen und gut umrühren. Den Risotto von der Herdplatte nehmen, mit Salz und Pfeffer abschmecken. Nacheinander den Parmesan, das Basilikum und den Rest der Butter einrühren. Sofort servieren und schwarzen Pfeffer aus der Mühle dazu reichen.

Riso in Padella

Gebratener Reis aus der Pfanne

Als ich dieses sizilianische Rezept entdeckte, dachte ich unwillkürlich an eine *Paella*. Wahrscheinlich wurde es von den Arabern nach Westeuropa gebracht, wobei ungeklärt bleibt, ob es zuerst nach Spanien oder nach Sizilien kam. In beiden Fällen wird das Gericht nach seinem Kochgeschirr benannt, in dem es auch serviert wird. *Padella* steht im Italienischen für eine große Bratpfanne.

Für 6 personen

1 kg Muscheln in der Schale
150 ml trockener Weißwein
6 EL Olivenöl extra vergine
1 Hühnerbrustfilet, in Stücke geschnitten
1 Hühnerkeule, ausgelöst
und in Stücke geschnitten
1 pikante italienische Wurst, in Scheiben geschnitten
300 g Kalmare, gesäubert und in Ringe geschnitten
300 g Garnelen (Shrimps), geschält und ohne Darm

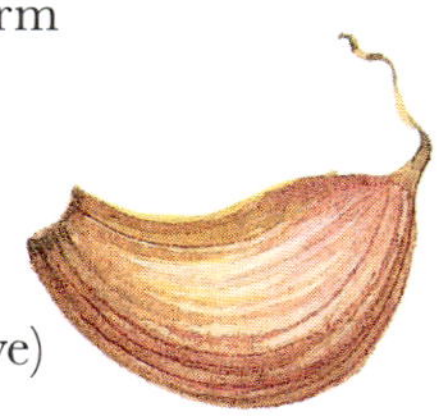

1 Zwiebel, fein gehackt
2 Knoblauchzehen, fein gehackt
2 rote Paprikaschoten
200 g geschälte Erbsen
200 g italienische Eiertomaten, gehackt (Konserve)
2 EL fein gehackte frische Petersilie
Salz und schwarzer Pfeffer
2 Teelöffel Safranfäden
300 g Carnaroli (wahlweise Vialone Nano oder Arborio)

Die Muscheln unter fließendem Wasser abbürsten, den »Bart« entfernen und alle bereits geöffneten oder beschädigten Muscheln aussortieren. Die Anderen in einen Topf geben, die Hälfte der Weinmenge und etwas Wasser hinzufügen. Zudecken und rasch zum Kochen bringen, damit die Muscheln sich öffnen (die anderen wegwerfen). Abtropfen lassen, stehen lassen und den Muschelsud aufbewahren.

4 EL Öl in einer Kasserolle erhitzen und das Hühnerfleisch mit der Wurst 10 Minuten darin garen. Mit einem Bratenheber herausnehmen und beiseite stellen. Dann den Kalmar und die Garnelen in dem selben Öl 5 Minuten garen, ebenfalls herausnehmen und stehen lassen. Jetzt 2 EL frisches Öl in den Topf geben und die Zwiebel und den Knoblauch darin einige Minuten garen.

Die Paprikaschoten aufschneiden, die hellen Samenstränge heraustrennen, das Gemüse in Streifen schneiden, in den Topf geben und einrühren, ebenso die Erbsen und die Tomaten. Dann die Petersilie, Salz und Pfeffer hinzufügen. Nach 10 Minuten Gardauer das aufbewahrte Hühner- und Wurstfleisch sowie zwei Drittel der Muscheln und Krustentiere in die Mischung geben.

Den Safran in etwas warmer Brühe einweichen, dann herausnehmen und die Flüssigkeit mit dem Muschelsud in den Topf gießen. Alles zum Kochen bringen, dann den Reis einrühren. Jetzt nach und nach die Brühe hinzufügen und dabei immer wieder gut umrühren. Nach 15 Minuten die Garprobe machen: Der Risotto hat die richtige Konsistenz, wenn der Kochlöffel ohne Hilfe aufrecht darin stehen kann. Wenn nicht, muss der Reis noch etwas quellen. Zum Schluss noch einmal gründlich umrühren, damit alle Zutaten gleichmäßig verteilt sind, und die restlichen Meeresfrüchte darübergeben.

Tummàla

Sizilianischer Weihnachtsreis

Dieser köstliche, üppige Reisauflauf ist etwas für die große Gala. Auf den ersten Blick erscheint er aufwändig, aber die Fleischbällchen lassen sich gut im Voraus zubereiten und werden dann einige Stunden vor dem Essen unter die Füllung gemischt. Auch dieses Rezept zeigt arabischen Einfluss. Der Name geht auf Mohammed Ibn Ath-Thumma, den ehemaligen Emir von Katanien, zurück.

Für 8 Personen

Hühnerfleisch und Brühe
1,5 kg Huhn, gesäubert
1 Zwiebel, 1 Möhre und 1 Stange Sellerie, klein geschnitten
2 EL frische Tomatensauce (siehe Seite 21)
1 Lorbeerblatt
2 Knoblauchzehen
6 Pfefferkörner
Salz

Fleischbällchen
1 Scheibe älteres Landbrot ohne Rinde, in Milch eingeweicht
250 g mageres Kalb- oder Rindfleisch
30 g frisch geriebener Pecorino
1 Ei, verquirlt
1 EL gehackte frische Petersilie
Etwas geriebene Muskatnuss
Salz und schwarzer Pfeffer
2 EL Olivenöl extra vergine

Timballo
200 g magere italienische Kochwurst
400 g Carnaroli
(wahlweise Arborio oder Vialone Nano)
50 g frisch geriebener Caciocavallo oder Pecorino
100 g frisch geriebener Pecorino
250 ml frische Tomatensauce (siehe Seite 21)
250 g Tuma oder Mozzarella, in Scheiben geschnitten
3 Eier, verquirlt
Schwarzer Pfeffer

Eine feuerfeste Form (Boden 30 cm, Höhe 6 cm) einfetten.

Für das Huhn und die Brühe: Das Huhn mit den anderen Zutaten in einen Suppentopf mit 2 l kaltem Wasser geben und zum Kochen bringen. Zudecken und 45 Minuten köcheln lassen. Das Huhn herausnehmen, die Haut und die Knochen entfernen, das Geflügelfleisch in kleine Stücke schneiden und stehen lassen. Die Brühe abseihen und aufbewahren.

Dann den Backofen auf 180 °C (Gasherd Stufe 2–3) vorheizen. Für die Fleischbällchen das eingeweichte Brot ausdrücken und mit den anderen Zutaten (außer dem Olivenöl) in der Küchenmaschine zu einem glatten Teig verarbeiten. Walnussgroße Kugeln daraus formen. Das Öl erhitzen und die Hälfte der Fleischkugeln darin goldgelb braten. Die andere Hälfte 15 Minuten lang in der siedenden Hühnerbrühe garen lassen.

Für das *timballo*: Die Wurst mit einer Gabel einstechen und in einen Topf mit kochendem Wasser tauchen, damit das Fett herausläuft. 10 Minuten sieden lassen, dann die Wurst in Scheiben schneiden. Den Reis in einen anderen Kochtopf geben und in 1 l Hühnerbrühe 10 Minuten garen. Zudecken, von der Herdplatte nehmen und weitere 10 Minuten ausquellen lassen, bis der Reis die Brühe restlos aufgesogen hat. Den Caciocavallo und die Hälfte des Pecorinos einrühren und das Ganze stehen lassen. Jetzt die Tomatensauce erhitzen, die Wurstscheiben und die gebratenen Fleischkugeln einrühren.

Dann ein Drittel der Reismischung über den Boden der feuerfesten Form verteilen. Mit jeweils zwei Dritteln des Hühnerfleischs und der überbrühten Fleischkugeln bedecken und die Käsescheiben (Tuma oder Mozzarella) darüberlegen. Dann die Hälfte der restlichen Reismenge darübergeben und mit der *timballo*-Mischung aus Tomaten, Wurst und Fleischbällchen bestreichen. Das restliche Hühnerfleisch zusammen mit dem noch übrigen Reis darüber verteilen. Den restlichen Pecorino mit den Eiern verrühren und alles zusammen über den Auflauf gießen. Mit schwarzem Pfeffer bestreuen.

Nun das Ganze in den Backofen schieben und 45 Minuten garen, bis die Oberfläche schön knusprig und goldbraun ist. Rechtzeitig mit Alufolie abdecken, damit die Kruste nicht zu dunkel wird.

SARTÙ

Neapolitanische Reis-Charlotte

Hier kommt ein Meisterstück der großen traditionellen Küche, das von französischen Köchen nach Neapel gebracht wurde. Zum Servieren wird die Charlotte gestürzt und mit der restlichen Sauce begossen (*surtout*, sagt man in Frankreich, was dann in Italien zu *sartù* wurde). Nach dem alten Rezept war sie mit Fleisch, Innereien und Trüffeln gefüllt, was das Ganze sehr kompliziert und schwer verdaulich machte. Übrigens beharrten die französischen Köche auf der Anrede Monsieur, und weil sich die Neapolitaner mit der französischen Aussprache schwer taten, machten sie ein *monzù* daraus, womit bis heute die aufwändigen, barocken kulinarischen Traditionen Neapels und Siziliens bezeichnet werden. Dieser *Sartù* ist jedoch eine abgespeckte, zeitgemäße Version, die man auch als elegante Vorspeise in Portionsförmchen zubereiten kann (siehe Seite 120).

FÜR 6 PERSONEN

Paniermehl
Doppelte Menge der Tomatensauce von Seite 21
500 g Carnaroli (wahlweise Arborio oder Vialone Nano)
100 g frisch geriebener Parmesan
2 Eier, verquirlt
1 EL gehackte frische Petersilie
Salz und schwarzer Pfeffer

Füllung
¼ der Menge Fleischbällchen von Seite 126
4 EL Olivenöl
150 g geschälte Erbsen
30 g Butter, ausgelassen
Salz und schwarzer Pfeffer
150 g Mozzarella,
in Scheiben geschnitten
150 g gekochter Schinken, in Streifen geschnitten
2 hart gekochte Eier, geachtelt

Den Backofen auf 180 °C (Gasherd Stufe 2–3) vorheizen und eine feuerfeste Backform (Höhe 12 cm/Durchmesser 15 cm) oder Napfkuchenform ausfetten und mit Paniermehl ausstreuen.

Zunächst die Tomatensauce zubereiten und die Hälfte davon in einen schweren Topf mit 1 l Wasser geben. Zum Kochen bringen und den Reis einrieseln lassen. Zudecken und 15 Minuten langsam garen, ohne den Topf zu öffnen und ohne umzurühren. Dann den Deckel abnehmen, den Reis in eine große Schüssel geben und nach dem Abkühlen vorsichtig den Parmesan, die verquirlten Eier, die Petersilie, Salz und Pfeffer daruntermischen.

Für die Füllung: Die kirschgroßen Fleischbällchen in Olivenöl knusprig goldgelb braten. Die andere Hälfte Tomatensauce darübergießen und einen Moment stehen lassen. Jetzt die Erbsen in leicht gesalzenem Wasser garen, das Wasser abgießen und die Erbsen mit der zerlassenen Butter und etwas schwarzem Pfeffer mischen.

Zwei Drittel der Reismenge in die Form geben; den Reis zirka 2 cm dick ausstreichen und mit dem Kochlöffel nach außen und den Rand hinauf streichen, andrücken. In die Mulde nacheinander je eine Lage Mozzarella, Schinken, Erbsen, hart gekochte Eier und Fleischbällchen füllen. Dann den restlichen Reis darübergeben und mit Paniermehl bestreuen.

Die Charlotte 45 Minuten im Backofen garen. Die Oberfläche muss knusprig goldgelb sein und darf nicht anbrennen (eventuell mit Aluminiumfolie abdecken). Danach aus dem Backofen herausnehmen und 15 Minuten abkühlen lassen. Die Charlotte auf eine vorgewärmte Platte stürzen. Den Rest der Tomatensauce in eine Sauciere geben und dazu reichen.

BOMBA DI RISO

Reisbombe

Dieses gehaltvolle, aufwändige Gericht aus der Poebene ist in Piacenza das traditionelle Festessen zur *Festa della Madonna* am 15. August. Im Allgemeinen wird es mit Täubchen zubereitet, aber ich bevorzuge Ente oder Perlhuhn. Das Rezept lässt sich mit jeder Art von Fleisch ausführen. Die Reisbombe wird in der traditionellen runden Napfkuchenform mit hohem Rand gebacken. Auch eine Puddingform ist geeignet. Im »Ristorante Cocchi« in Parma können Sie die Bombe im Voraus bestellen.

FÜR 6 PERSONEN

125 g Butter
1 Zwiebel, fein geschnitten
1 kleine Taube oder Ente, Perlhuhn oder mageres Huhn, zerlegt
3 Salbeiblätter, 3 Wacholderbeeren, zerdrückt
Salz und schwarzer Pfeffer
100 ml trockener Weißwein
1 EL frische Tomatensauce (siehe Seite 21)
500 g Carnaroli (wahlweise Vialone Nano oder Arborio)
50 g frisch geriebener Parmesan
2 Eier, verquirlt
2 EL Paniermehl

Den Backofen auf 170 °C (Gasherd Stufe 2) vorwärmen.

30 g Butter in einem großen Kochtopf zerlassen, die Zwiebel darin gar dünsten und die ganze Taube zusammen mit Salbei, Wacholder, Salz und Pfeffer hineingeben und leicht anbräunen. Dann den Wein einrühren und einige Minuten weitergaren. Die Tomatensauce hinzufügen, dann 200 ml kochendes Wasser. Zudecken und köcheln lassen, bis das Fleisch gar ist; falls notwendig, etwas Flüssigkeit nachgießen. Den Vogel herausnehmen und das Fleisch von den Knochen lösen. In kleine Stücke schneiden, beiseite stellen und die Sauce durchseihen.

Den Reis in eine große Kasserolle mit leicht gesalzenem Wasser oder Brühe (aus den Knochen) schütten. 8 Minuten garen, abgießen und die Hälfte der abgeseihten Sauce einrühren, ebenso 50 g Butter, den Parmesan und die verquirlten Eier. Die Form mit Butter einfetten und zwei Drittel des Paniermehls einstreuen. Danach zwei Drittel der Reismenge in die Form geben und mit dem Kochlöffel von der Mitte her nach außen und den Rand hinauf streichen, sodass eine Mulde entsteht. Das Fleisch und die restliche Sauce hineinfüllen und mit dem restlichen Reis bedecken. Jetzt den Rest der Butter zerlassen und über den Reis träufeln. Mit Paniermehl bestreuen und im Ofen knusprig goldgelb backen. Dann herausnehmen und 10 Minuten abkühlen lassen. Die Reisbombe auf eine Platte stürzen und servieren.

CRESPELLE DI RISO

Süße Reisbeignets

Sizilianische Klöster sind für ihre Süßspeisen bekannt. Um sich den eintönigen Alltag im Kloster zu versüßen, ließen die Nonnen, die oft aus wohlhabenden Familien stammten, früher ihrer Fantasie beim Backen freien Lauf. Bei den Mönchen finden sich solche kulinarischen Genüsse seltener, aber das folgende Rezept stammt aus dem Benediktinerkloster in Catania. Die Beignets werden nach alter Tradition zum Fest des Heiligen Josef am 19. März, der in Italien mit dem Vatertag zusammenfällt, gebacken.

FÜR 4 PERSONEN

250 g Arborio (wahlweise Carnaroli oder Vialone Nano)
250 ml Milch
150 g frischer Ricotta
100 g Mehl
Schalen von 1 Zitrone und 1 Orange
12 g frische Backhefe
Öl zum Ausbacken
1 EL Puderzucker, 1 TL Zimt
6 EL Honig, vorzugsweise von Orangen- oder Zitronenblüten

Die Milch mit der selben Menge Wasser zum Kochen bringen und den Reis hinzufügen. Ständig rühren und weiterköcheln lassen, bis der Reis nach zirka 20 Minuten die Flüssigkeit aufgenommen hat und gar ist. Den Reis in eine Schüssel umfüllen und zugedeckt einige Stunden (oder über Nacht) stehen lassen. Dann in ein größeres Behältnis umfüllen und mit dem Ricotta, dem Mehl, den Zitrusschalen und der in warmem Wasser verrührten Backhefe vermengen. Zudecken und 1 Stunde ruhen lassen. Im letzten Moment Stangen (15 cm lang, 2 cm breit, 2 cm hoch) aus der Reismasse formen. Die Beignets portionsweise in heißem Öl ausbacken (siehe Seite 10). Anschließend Puderzucker und Zimt durch ein feines Sieb darüber geben. Mit Honig begießen und sofort servieren.

Risotto al Tartufo Bianco

Risotto mit weißer Trüffel

In der Trüffelsaison von Oktober bis Ende Dezember gilt das Piemont als das Mekka der Feinschmecker *(buongustaio)*. Wer jedoch noch am Silvestertag eine Trüffel findet, muss ein Glückspilz sein. Am glücklichsten sind wohl diejenigen, die sie auch käuflich erwerben können: 1999 kosteten 100 g weiße Trüffel umgerechnet mehr als 600 DM!

Für 4 Personen

100 g Butter
1 kleine Schalotte, fein gehackt
300 g Carnaroli (wahlweise Vialone Nano oder Arborio)
1 l klare Fleisch- oder Gemüsebrühe
100 g frisch geriebener Parmesan
40 g weiße Trüffeln, sauber gebürstet

Die Hälfte der Butter in einer großen Kasserolle erhitzen und die gehackte Schalotte darin glasig dünsten. Den Reis hinzufügen. 5 Minuten gut umrühren, dann nach und nach die kochende Brühe einrühren, wobei der Reis die Flüssigkeit erst vollständig aufgenommen haben muss, bevor erneut Brühe zugegossen wird. 15 bis 20 Minuten so fortfahren, bis der Reis gar, aber noch bissfest ist. Dann von der Herdplatte nehmen, die restliche Butter und den Parmesan kräftig unterrühren und servieren. Die Trüffel frisch über jede Portion hobeln, um in den vollen Genuss des köstlichen Aromas zu kommen.

RISOTTO ALLA ROBIOLA E TARTUFO NERO

Risotto mit Robiola und schwarzer Trüffel

Robiola, eine cremig-weiche Käsespezialität, ist in guten Fachgeschäften erhältlich, lässt sich aber durch andere weiche Käsesorten ersetzen. Dieses Gericht steht bei Angelo Angiuli während der Schwarztrüffelsaison – also von Dezember bis Ende März – auf der Speisekarte. Er hat ein Restaurant in der hübschen mittelalterlichen Stadt Candelo im Piemont. Mit der nicht so aromatischen Sommertrüffel lohnt sich das Rezept nicht. Unter uns gesagt: So schädlich Sahne, Käse und Butter für die Arterien sein mögen – dieser göttliche Risotto ist alle Mal eine Sünde wert!

FÜR 4 PERSONEN

200 g Robiola
100 ml Sahne (Crème double)
Schwarzer Pfeffer
2 EL Olivenöl extra vergine
1 kleine Zwiebel, fein gehackt
350 g Carnaroli
(wahlweise Vialone Nano oder Arborio)
100 ml trockener Weißwein
1 l klare Fleisch- oder Gemüsebrühe
100 g frisch geriebener Parmesan
50 g gekühlte Butter, in kleinen Stückchen
40 g schwarze Trüffel, sauber gebürstet und gehobelt

Den Robiola zusammen mit der Sahne bei sanfter Hitze zu einer dicken, sämigen Sauce rühren. Mit schwarzem Pfeffer bestreuen. Das Öl in einer großen Kasserolle erhitzen und die Zwiebel darin glasig dünsten. Den Reis einrühren und 5 Minuten später den Wein hinzufügen. Verdampfen lassen, dann nach und nach die Brühe einrühren, wobei der Reis die Flüssigkeit vollständig aufgenommen haben muss, bevor erneut Brühe nachgegossen wird. Zirka 20 Minuten so fortfahren, bis der Reis gar ist.

Außerhalb der Herdplatte den Parmesan und die Butter in den Reis einrühren. Auf Portionstellern anrichten. Den Reis in der Mitte jeweils etwas eindrücken und Käsesauce in die Mulde füllen. Trüffelspäne darüber verteilen.

CORONA DI PRIMAVERA

Reisring mit Frühlingsgemüse

Natürlich können Sie viele andere Rezepte dieses Buches ebenso anrichten. Geeignet ist jedes Gemüse der Saison.

FÜR 4 PERSONEN

Gemüsefüllung
2 Zucchini, gewürfelt
200 g geschälte dicke Bohnen
200 g geschälte Erbsen
200 g feine Spargelspitzen
1 Thymianzweig
50 g Butter
Salz und schwarzer Pfeffer
100 ml Gemüsebrühe

Reisring
50 g Butter
1 Möhre, 1 Stange Sellerie und 1 Zwiebel, fein geschnitten
350 g Carnaroli (wahlweise Vialone Nano oder Arborio)
1 l Gemüsebrühe
Salz und schwarzer Pfeffer
50 g frisch geriebener Parmesan

Den Backofen auf 180 °C (Gasherd Stufe 2–3) vorheizen. Eine Kranzform leicht einfetten. Das Gemüse für die Füllung vorbereiten. Dann die Butter in eine Kasserolle geben, zerlassen und das Gemüse, den Thymian, Salz und Pfeffer hinzufügen. 5 Minuten garen, dann die Brühe hinzufügen, zum Kochen bringen und 10 Minuten köcheln lassen. Von der Herdplatte nehmen und warm halten.

Für den Reisring die Hälfte der Butter zerlassen und die klein geschnittenen Möhren, Sellerie und Zwiebeln darin gar dünsten. Den Reis einrieseln lassen und 5 Minuten lang rühren, dann nach und nach etwas Brühe hinzufügen, wobei der Reis die Flüssigkeit vollständig aufgenommen haben muss, bevor erneut Brühe nachgegossen wird. Unter ständigem Rühren 15 Minuten lang garen, dann die restliche Butter, Salz und Pfeffer und den Parmesan untermischen.

Die Reis-Gemüse-Mischung in die Kranzform geben und mit dem Kochlöffel verstreichen. 20 Minuten backen. Dann aus der Backröhre nehmen und 5 Minuten abkühlen lassen. Die Form mit einem ausreichend großen Teller bedecken und stürzen. Das Gemüse abseihen und in die Mitte des Reisrings füllen. Was nicht hineinpasst, wird getrennt dazu gereicht.

SOUFFLÉ DI RISO ALL'ARANCIO

Reis-Orangen-Soufflé

Viele italienische Süßspeisen werden auf der Grundlage von Reis zubereitet, wobei das Ergebnis nicht immer begeisternd ist. Doch dieses Soufflé mit seiner wunderschönen Konsistenz und dem orientalisch beeinflussten, in der mediterranen Küche so beliebten Mandel-Orangen-Aroma ist unwiderstehlich.

FÜR 4 PERSONEN

500 ml Milch
80 g Kristallzucker
50 g Butter
Schale von 1 Orange
150 g Vialone Nano (wahlweise Carnaroli oder Arborio)
4 Eigelbe
4 Eiweiß
80 g Mandeln, blanchiert und gehackt
80 g kandierte Orangenschale, in kleinen Stückchen
100 ml Orangenlikör

Den Backofen auf 220 °C (Gasherd Stufe 4) vorheizen und eine große Souffléform einfetten.

Die Milch mit der halben Menge Zucker, Butter und Orangenschale in einen großen Topf mit schwerem, leitfähigem Boden geben. Zum Kochen bringen. Den Reis einrühren und unter mehrmaligen Umrühren köcheln lassen (ich lege einen Flammenschutz unter den Topf). Den gegarten Reis in eine Schüssel geben und abkühlen lassen. (Bis hierher im Voraus zubereiten.) Jetzt die Eigelbe einrühren, ebenso den restlichen Zucker, die Mandeln, die Orangenschale und den Likör. Zum Schluss das steif geschlagene Eiweiß unterziehen. Das Ganze in die Souffléform füllen und 35 Minuten backen. Das Soufflé ist gar, wenn es schön aufgebläht ist und eine Kruste hat.

Minestra di Scorfano

Fischsuppe aus Drachenkopf

Der *scorfano* ist rot, hat Knochen wie Stacheln und einen übergroßen Kopf. »Hässlich wie ein Drachenkopf«, so lautet eine italienische Redensart. Aber dem Geschmack tut das keinen Abbruch. Der schmackhafte Drachenkopf hat in allen guten mediterranen Fischsuppen seinen angestammten Platz. Falls er nicht vorrätig ist, nehmen Sie einen anderen würzigen Speisefisch. Wunderbarerweise reicht ein einziger kleiner Drachenkopf für diese Suppe, die als Vorspeise gereicht wird. Und das zweite Wunder: Es kommt weder Öl noch Butter hinein!

Für 4 Personen

1 ganzer Drachenkopf von 300 g, gesäubert und entschuppt
150 ml trockener Weißwein
1 Möhre, 1 Stange Sellerie und 1 Zwiebel, grob geschnitten
2 Knoblauchzehen
Salz und schwarzer Pfeffer
250 g Carnaroli
(wahlweise Vialone Nano oder Arborio)
1 EL gehackte frische Petersilie
Saft 1 Zitrone

Den Fisch mit 500 ml kaltem, leicht gesalzenem Wasser in einen Suppentopf geben, dann den Wein, das grob zerkleinerte Gemüse und die geschälten Knoblauchzehen hinzufügen. Alles zum Kochen bringen und 15 Minuten sieden lassen. Danach die Suppe zum Abkühlen neben den Herd stellen. Jetzt den Fisch vorsichtig herausnehmen, in eine Schüssel geben, zudecken und in den Kühlschrank stellen. Das Gemüse mit der Brühe in eine andere Schüssel geben und ebenfalls in den Kühlschrank stellen, damit es geliert.

Für die *minestra* die Gräten aus dem Fischfleisch entfernen. Gehen Sie dabei sehr sorgfältig vor. Dann beiseite stellen. Das gelierte Gemüse passieren und mit 500 ml frischem Wasser erneut in einen Kochtopf geben. Salz und Pfeffer hinzufügen und zum Kochen bringen. Den Reis einrieseln lassen und 15 bis 20 Minuten bei schwacher Hitze weitergaren. Zum Schluss das in Streifen geschnittene Fischfleisch hineingeben, ebenso die Petersilie und den Zitronensaft. Sofort servieren.

RISOTTO CON OSTRICHE E CHAMPAGNE

Risotto mit Austern und Champagner

Der junge deutsche Koch Heinz Beck bereitet dieses Rezept in dem römischen Restaurant »La Pergola« zu. Lassen Sie sich gegebenenfalls von Ihrem Fischhändler zeigen, wie man Austern öffnet, ohne das Wasser zu verschütten.

FÜR 4 PERSONEN

20 Austern in der Schale
4 EL Rucola, zerkleinert
2 rote Tomaten, gehäutet, entkernt (siehe Seite 31) und fein gehackt
200 ml Champagner
2 EL Olivenöl extra vergine
350 g Carnaroli (wahlweise Vialone Nano oder Arborio)
1 l klare Fleisch- oder Fischbrühe
Salz und schwarzer Pfeffer

Das Austernfleisch aus der Schale lösen und mit der Flüssigkeit in eine Schüssel geben. Die Rucola, die Tomaten und die Hälfte des Champagners hinzufügen. Das Öl in einer großen Kasserolle erhitzen, den Reis einrieseln lassen und 5 Minuten ständig rühren. Die andere Hälfte Champagner einrühren, dann nach und nach die kochende Brühe einrühren, wobei der Reis die Flüssigkeit erst vollständig aufgenommen haben muss, bevor erneut Brühe zugegossen wird. 15 bis 20 Minuten so fortfahren, bis der Reis gar, aber noch bissfest ist. Von der Herdplatte nehmen und die Austernmischung einrühren. Abschmecken und mit einem Glas Champagner servieren!

Risotto all'Aragosta

Hummerrisotto

Dieses wahrhaft opulente Mahl ist etwas
für ganz große Anlässe.

Für 4 Personen

200 ml trockener Weißwein
1 Möhre und 1 Stange Lauch, grob geschnitten
4 Pfefferkörner
1 kleiner Hummer
3 EL Olivenöl extra vergine
1 Zwiebel, in feine Scheiben geschnitten
300 g Carnaroli (wahlweise Vialone Nano oder Arborio)
4 EL frische Tomatensauce (siehe Seite 21)
1 EL fein gehackte frische Petersilie
Salz und schwarzer Pfeffer
2 TL Zitronensaft

1,5 l leicht gesalzenes Wasser zum Kochen bringen, die Hälfte des Weins, die Möhren, den Lauch und die Pfefferkörner hinzufügen; zum Kochen bringen und 15 Minuten garen. Jetzt den Hummer hineinwerfen und weitere 15 Minuten garen. Die Brühe abseihen und aufbewahren. Den Hummer abkühlen lassen und aus dem Panzer herauslösen. Die Scheren knacken, das Fleisch auslösen und klein schneiden. Den Hummerschwanz in Scheiben schneiden und beiseite stellen.

Jetzt die Hälfte des Öls in eine Kasserolle geben und die Zwiebel darin glasig dünsten. Den Reis einrühren, 5 Minuten später den restlichen Wein mit der Tomatensauce hinzufügen. Nach und nach die Hummerbrühe einrühren, wobei der Reis die Flüssigkeit vollständig aufgenommen haben muss, bevor erneut Brühe nachgegossen wird. Nach 15 bis 20 Minuten ist der Reis gar. Den Topf neben den Herd stellen. Das zerkleinerte Hummerfleisch und die Hälfte der Petersilie hinzufügen. Erneut abschmecken. Das restliche Öl erhitzen und die Hummerstücke darin mit der restlichen Petersilie schnell anbraten. Über den Risotto verteilen und mit Zitronensaft beträufeln.

REGISTER

Danksagung

Ich danke Maureen Green aus London und Phil Allen aus Rom für ihre ermutigenden Worte, die sie mir für dieses Buch mit auf den Weg gegeben haben; ebenso danke ich Heather Holden-Brown und Jo Roberts-Miller für ihr Wohlwollen und ihre Begeisterung. Und schließlich danke ich Sarah Hocombe für ihre farbigen und lebendigen Illustrationen.

Was meine Recherchen über das Essen in Italien betrifft, geht mein Dank an: Aimo und Nadia Moroni, Restaurant »Aimo e Nadia«; Dania Lucherini, Restaurant »La Chiusa«, Montefollonico; Familie Guerra, Hotel »Il Melograno«, Monopoli; Maurizio Martin, Osteria »Da Fiore«, Venedig; Fulvio Pierangelini, »Gambero Rosso«, San Vincenzo; Ristorante »Il Paiolo«, Vercelli; »Cascina dei Fiori«, Borgo Vercelli; Silverio Cineri, Ristorante »Silverio«, Bologna; Claudia und Tonino Verro, »La Contea«, Neive; Livia und Alfonso Iaccarino, »Don Alfonso«, Sant'Agata sui due Golfi; Heinz Beck, »La Pergola«, Rom; »Ristorante Cocchi«, Parma.

Ich danke auch folgenden italienischen Reisproduzenten: Dr. Guido Guardigli, Cascina Veneria; Fulvio Fonte, Azienda Agricola Lodigiana; Gabriele Ferron, Riseria Ferron; Riso Gallo. Sie halfen mir bei meinen Recherchen, und ihre ausgezeichnete Reisqualität half mir bei der Herstellung einiger unvergesslicher Gerichte.